سایۀ عفریت ها

قصّه های حیوانی

نویسنده: حامد روشنگر

Shadows of Witch

(Pet Animal Stories)

By Hamed Rushangar

آماده سازی برای چاپ توسط آسان نشر
www.asanashr.com

ناشر بین المللی قرن برتر
www.SupremeCentury.com

چاپ و توزیع توسط شرکت آمازون
www.amazon.com

شابک : 978-1939123114

منجی کوچولو

مادّه گوزن یالدار افریقایی به زحمت توانست خود رااز تلاطم خروشان آبهای رودخانه ی وحشی واز میان آرواره های وحشتناک کروکودیل بزرگ وبدجنس نجات دهد در حین عبور از رودخانه کروکودیل پای عقب اورا گاز گرفته بود ولی او با لگدی بسیار قوی توانست پای خود رااز میان آرواره های وندانهای کروکودیل بیرون بیاورد شانس آورده بود که قسمتی از پهلوی مچ پایش در آخرین لحظه ی فراردر دهن کروکودیل باقی مانده بود واو با تکان و لگدهای ناگهانی توانست آن را بیرون بیاورد ،هرچند قسمتی از گوشت وپوست حیوان بیچاره از پایش جدا شده وبه صورت آویزان باقی مانده بود ،حیوان بیچاره درد شدیدی درپای خویش احساس می کرد ولی درهرصورت دردل خوشحال بود که توانسته بود درنهایت خود رابه آن سوی رودخانه ی وحشی وخروشان برساند وجان خود و فرزندش را که درشکم داشت نجات دهد .

خوبی قضیه آن بود که درآن سوی رودخانه خبری از درندگان ودشمنان خونی آنها چون شیرها ،یوز پلنگها ،کفتارها وسگهای وحشی نبود،چرا که آن رودخانه ،رودخانه ای بسیار خروشان ومتلاطم بود وآب نسبتا زیادی نیز داشت وبعضی جاهای آن هم عمیق یود وحیوانات درنده ای چون شیر وکفتار

ودیگر درندگان ،جرات نمی کردند از آن عبور کنند چون درآن سوی رودخانه که درندگان وجود داشتند ،به اندازه ی کافی شکار وجود داشت ،که حیوانات درنده خود رادرگیر خطرگذر از این رودخانه نکنند ،این بود که تقریبا آن سوی رودخانه مکانی امن برای حیوانات علفخوار وبی آزار ی چون گوزن های یالدار وآهوان آفریقایی بود.

ولی گوزن یالدار ، دردل چندان خوشحال هم نبود ،چرا که این امنیّت موقتّی بود وزمان زیادی طول نمی کشید ،با خود گفت :که افسوس که مراتع این سوی رودخانه ،کم کم دارد تمام می شود ،زمین دارد لخت وبدون علف می-شود ،چرا که اکثر گوزن های یالدار ودیگر حیوانات علفخوار ،خود را به خاطر فرار از دست درندگان به این سوی رودخانه می رسانند وما دوباره مجبوریم که برای سیر کردن شکم خود وفرزندانمان به ناچار به آن سوی رودخانه برویم وخود راطعمه ی حیوانات درنده کنیم ،به علاوه جفت نر وی که پدر فرزند وی نیز بود ،هنوز در آن سوی رودخانه است او خوب به خاطر دارد که چگونه جفت او با فداکاری وایثار هر چه تمامتر ،توجّه شیرهای ماده را به خود جلب می کرد تااو توانست با آن شکم سنگین خود را به آن سوی رودخانه برساند ،اکنون دردل خود دلهره ای عمیق احساس میکند ،آیا جفت وی توانسته است خود رااز دست آن دو مادّه شیر نجات دهد یا خیر ، در هر

صورت باید که منتظر عبور دیگر رمه ی گوزنها از رودخانه باشد واز آنها سرنوشت جفت فداکارش راپپرسد،چند روزی به همین صورت سپری شد واو با آرامش هر چه تمامتر به خوردن علفهای آن سوی رودخانه وتقویت خود ادامه می دهد ،با خود می گوید آه ،چقدر به سر بردن درامنیّت لذّت بخشه ،خدایا آیا نمی شد ماهمیشه درامنیت به چرا وزندگی ادامه می دادیم ،ولی افسوس که این فکری عبث است ،امنیّت آن هم در طبیعت وحشی آفریقا امکان ندارد ،در این هنگام در خیالات خود غرق می شود وبه یاد افسانه-هایی که گذشتگان وریش و یال سفید های رمه ی آنها برای او و هم سالانش که درآن زمان که جوانتر بودند می افتد ، آنها برایشان تعریف می کردند ،که به زودی ودر آینده ی نه چندان دور یک منجی بزرگ ولی کم سن وسال در میان رمه ی ما به دنیا می آیدو انتقام ما را از تمام درندگان می گیرد ودشت وصحرا را کاملا امن برای تمام حیوانات علفخوار می کند ،وقتی آنها با شور واشتیاق از زمان به دنیاآمدن چنین منجی کوچکی ونشانه های ظاهر ی واخلاقی وی پرسش می کردند ،حیوان سالخورده وکهنسال اندکی به فکر فرو می رفت وچینی در پیشانی چروکیده ی خویش می افکند ومی گفت ،نشانه های چنیین منجی اونه که در کناره ی ران سمت راستش خالی سفید داره ،واز نظر اخلاقی نیز به گونه ایه که از زمان

کودکی بسیار باهوش وکنجکاو ه وسوالات زیادی از مادر واطرافیان خود می پرسه.

گوزن یالدار به خود می آید وگفته های گذشتگان را دو باره به یاد می-آورد وبا خود می گوید ،خدایا،چه خوب می شد که این بچه ای که درشکم دارم همان منجی باشه وهمون نشانه ها را داشته باشه ،یعنی می شه ،اگر می شد چه افتخاری بالاتر از این که ما در چنین منجی با برکتی باشم ، ولی دوباره با خود می گوید چه خیالات بیهوده ای من چقدر خوشخیالم ،به خاطر همین خیال بافی های بیهوده هم همیشه پدر ومادرم از کودکی به من خوشخیال می گفتند وبعضی از موارد هم دوستانم سر به سر م می ذاشتند واز ساده دلی من قاه قاه می خندیدند ،ولی چه اهمیت داره ،بذار مرو خوشخیال بگن ،من فقط آرزوی چنین فرزندی دارم و آرزو نیز برجوانان عیب نیست ، ازطرفی دیگه، از خدا که هیچ چیز بعید نیست ، شاید خدا این بچه رو درشکم من به وجود بیاره ، مگه برای او مشکله ،ماده گوزن یالدار کمی سرش را تکان داد واز خیالات خود اندکی بیرون آمد وبا خود گفت ،بهتره فعلا به واقعّیات زندگی توجه کنم وبیشتر به فکر تقویت خود وفرزندم باشم ،چه فرزند من منجی باشه چه نباشه ،ولی درهرصورت باید فرزندی سالم وقوی باشه تا بتونه

دراین طبیعت سخت ووحشی لااقل جون خودشو حفظ کنه وزود طعمه ی درندگان نشه .

نگاهی به اطرافیان ورمه می کند وحیوانات رادرگروههای سه یا چهار تایی می بیند که دراطراف مشغول به چرا هستند وگاه گاهی یکی از مادّه ها ،بچّه ای به دنیا می آورد وبه لیس زدن آن مشغول می شود وبچّه کم کم از جایش بلند می شود وپستانهای مادر را می گیرد وبا اشتهای فراوان شروع به مکیدن وخوردن شیر می کند ،بعضی مواقع نیز بچه های بزرگتر را می بیند که باسرعت تمام به جست وخیز در صحرا وبازی مشغول هستند انگار که نمی دانند که برای همیشه نمی توانند به این صورت درامنیت به سر ببرند واز زندگی لذت ببرند ،بله همینطور است ،چون آنها هنوز بچه هستند ونمی دانند درچه دنیایی به دنیا آمده اند.

ماده گوزن با دیدن بچه گوزن های خردسال اندکی احساساتی می شود وبه فکر فرو می رودوبا خود میگوید :وای یعنی می شود که به زودی فرزند من هم زودتر به دنیا بیاد ومرو از تنهایی بیرون بیاره خدا کند که زودتر به دنیا بیاد وتاخیر نکنه .

از آمدن ماده گوزن به آن سوی رودخانه یک ماهی سپری می شود وکم کم آتار زاییدن در حیوان پیدا می شودبالاخره در یک روز احساس می کند که نباید از جای خود حرکت کند وبرای چرا به صحرا برود چرا که فرزند وی در شکم شروع به جنبیدن می کند وانگار دست وپا می زند ،به هر حال آن روز حیوان بیچاره توانایی وحس حرکت را ندارد وبرای آنکه از نور آفتاب که به وسط آسمان رسیده در امان باشد به سایه ی درختی گرمسیری پناه می برد وکم کم فرزند خود را به دنیا می آورد ،از شدت درددر حین زاییدن اشک از چشمانش بیرون می آید ،ولی بالا خره فرزند دلبندش را به دنیا می آورد،از شدت درد وبی حالی اندکی چشمان خود رابر روی هم می گذارد تا هیچ چیز را نبیند ،وقتی چشم می گشاید ،فرزند زیبایش را در جلو چشم خود می بیند،فرزند هنوز کاملا خیس است ومی لرزد ،وحیوان با لیسیدن او را خشک می کند.

فرزندش کم کم چشم می گشاید وبه مادر خیره می شود ،ماده گوزن نیز با نگاهی پرعطوفت ومحبت آمیز کودک خود راتماشا میکند ،مادر احساس می کند که کودک گرسنه است وبه دنبال پستان وی می گردد ،خودرا به گونه ای قرار می دهد که بچه بتواند پستانش راپیدا کند وآن راکم کم به دهن بگذارد،بالاخره کودک پستان مادررا پیدا می کند وبا ولع هر چه تمامتر

مشغول نوشیدن می شود ،مادر احساس خوشی ازنوازش پستان هایش بالبان کودک احساس می کند وآرامشی همه جانبه تمام وجود وی را فرا می گیرد ، خوشبختانه پستان هایش پر از شیر است وروزی کودک زیاد است ماده گوزن نیز درروزهای گذشته حسابی به تقویت خود پرداخته بود وخود را برای چنین روزی آماده کرده بود ،ولی درهر صورت احساس می کرد که فرزندش هم پر برکت و خوش قدم است ،چرا که پستان هایش به طور غیر عادی پر شیر بود وهر چه فرزندش بیشتر شیر می خورد از شیرش کم نمی شد.

یکی دوروز به همین صورت سپری شد وماده گوزن به رنگ موهای بچه اش اصلا توجه ودقت کافی نمی کند وبیشتر به فکر شیر دادن ونگهداری از او بود

ولی یک دفعه به صورت اتفاقی چشمش به کناره ی ران سمت راستش افتادو خالی کاملا سفیدوزیبا درآنجامشاهده کرد، ماده گوزن از دیدن چنین نشانه ی آشنایی ،هم شک زده شد و هم بسیار خوشحال ،چرا که فرزند وی یکی از نشانه های آشکار منجی موعود رادر بد ن خود داشت ،از دیدن چنین صحنه ای دلش پر از نور امید شد ،می خواست پر دربیاورد ودر آسمان پرواز کند ،فقط توانست جلوتر برود وصورتش را به صورت فرزند دلبندش بمالد و بعد نیز زبانش را جلو برد وخال سفید فرزندش را با زبان لیس زد وکمی به فکر فرو رفت ،با خود گفت فعلا باید چنین رازی را از سایر گوزن ها

،خصوصا گوزن های ماده بپوشونم ،چون بعضی از اونا بسیار حسود وشور چشم هستن ،وممکنه باحس حسادت خود به فرزندم آسیبی برسونند ،به علاوه هنوز که تمامی نشونه های منجی دراین کودک ظاهر نشده ،باید کمی بزرگتر بشه وبا من صحبت کنه ،اگر خیلی کنجکاو وباهوش بود ومرتبا سوالاتی درباره ی وضعیت گوزن ها و رمه پرسید ،آن وقت باید یقین کنم ،که این کودک همان منجی موعوده وپس از اون ابتدا موضوعو با یال وریش سفیدهای رمه در میون بذارم ،آنها می دونن در چنین مواقعی چه کار کنند بهتره فعلا به بزرگ کردن بچه مشغول بشم ومنتظر پدرش که کی بر می گرده باشم

مدتی سپری شد ورمه های دیگری از گوزن ها ی یالدار از آن سوی رودخانه خود رابه این سوی رودخانه رساندند وجان خود را نجات دادند ،ماده گوزن یالدار به سراغ یک یک آنها رفت و نشانی های جفت خود رابه آنها دادواز آنها حال وی را پرسید ،بعضی از گوزن ها با شنیدن حرف های ماده گوزن سکوت معنا داری کردند ،بعضی از گوزن ها نیز خود رابه راهی دیگر زندند و می گفتند از قضیه بی اطلاع هستند واو را نمی- شناسند ،سرانجام ماده گوزن به سراغ سه چهار گوزن نر رفت که درگوشه ای با هم پچ پچ می کردند و بسیار نیز ناراحت وغمگین بودند وسر خود را به نشانه ی ناراحتی

تکان میدادند ،آنها سعی می کردند کسی سخنان آنها را نشنود ،ماده گوزن به آرامی به آنها نزدیک شد وسلام کرد ،آنها جواب اورابه آرامی دادند وهمگی با هم گفتند مشکلی داری ماده گوزن ناامیدانه پرسید ،جفت من دراون سوی رودخونه جون مرو نجات داد ولی دو شیر ماده در تعقیب او بودند ،من از وقتی که از رودخونه عبور کرده م از سرنوشت اون بی اطلاعم ،شما می تونید درباره ی اون به من خبری بدید ،گوزن های نر همگی سر را از ناراحتی به زیر افکندند وسخنی نگفتند ،گوزن ماده که خیلی نگران شده بود ،پرسید چرا جواب مرو نمی دید ،چرا نمی گید چی شده مگه بلایی به سر جفت بیچاره ی من اومده ؟

سرانجام یکی از گوزن ها سکوت را شکست وبا چشمانی اشک بار کفت اگه می خوای حقیقت رو بدونی با کمال تاسف باید بگم که جفتت نتونست از چنگال آن دو شیر ماده خلاصی پیدا کنه وطعمه ی آونا شد ،ماسعی کردیم بادویدن در اطراف اون دوماده شیر ،توجه اون دوروبه خود جلب کنیم تا جفت تو فرصت فرار پیدا کنه ولی کمی دیر شده بود ودوماده شیر نیز دست بردار نبودند تا بالاخره آن اتفاق ناگوار پیش اومد .

ماده گوزن از شدت درد وناراحتی از ته جان فریادی کشیدوسمهایش را به شدت به زمین زد ،دنیا دربرابر چشمانش تیره وتار شد وبا گریه وزاری گفت

جفت بیچاره وفداکار من به خاطر من جونشو از دست داد ،ای کاش من به جای اون طعمه ی اون وحشی ها می شدم ولی افسوس ،افسوس ...

گوزن های نر همگی ماده گوزن را دلداری دادند وبه وی گفتند ،ناراحت نباش ،از کسی کاری بر نمی یاد ومگه نمیدونی که این قانون حیات وحشه ،که ضعیف طعمه ی قوی می شه ،قانونی قطعی که تغییر ناپذیره وباید دراین مورد تسلیم سرنوشت بود وحرفی نزد ،خداوند این سرنوشت رو برا ما علفخواران قرار داده که باید طعمه ی گوشتخواران بشیم ،اگه شکایتی داری به خدا بگو،نه کسی دیگه .

ماده گوزن اندکی فکر کرد وجوابی برای آنها نداشت ،شاید هم حق به دست آنها بود و وی این حقیقت را نمی خواست قبول کند ،به هر حال اکنون باید تسلیم سرنوشت بود ومنتظر راه نجات از این بد بختی ها .

ماده گوزن غمگین ودلخسته از این ضربه به نزد فرزند خود آمد با خود فکر کرد ،اگه فرزند من بزرگتر بشه واز سرنوشت پدر خود بپرسه چه جوابی می تونم به او بگم ،تا کی می تونم به او دروغ بگم وحقیقت روپنهان کنم.به هر حال باید روزی بفهمه پدرش به چه سرنوشت غم انگیزی دچار شده .

روزها از پی هم سپری می شد وگوزن کوچولو روز به روز بزرگتر می شد وسوالات پی درپی از مادر می پرسید ،ابتدا بیشتر از پدر خویش می پرسید وبه مادر می گفت ،چرا همه ی همسالان من پدر دارن ولی من ندارم ،مادر ابتدا بادلی غمگین به وی جواب می داد که پدرت اون سوی رودخونه س وبه زودی به سوی ما می یاد ،بعد که مدتی گذشت و پدر پیدا نمی شد ، گوزن کوچولو دوباره از سرنوشت پدر می پرسید ،که چرا نیمد ودیر کرد،،مادر این بار به او می گفت که دوستانش گفتن به سفری دور رفته و کمی طول می کشه دوباره برمی گرده ،بالاخره چون زمان زیادی سپری شد و خبری از پدر نشد ،مادرش مجبور شد ،حقیقت را به وی بگوید ،گوزن کوچولو ابتدا کمی گریه می کند وپس از چندی خاموش می شود ،چون خاطره ای از دیدار پدر ندارد ،زود این قضیه را فراموش می کند روزها درمیان همسالانش به بازی و شیطنت وجست وخیز مشغول می شود واز زندگی لذت می برد در میان این بازی ها گاه هم سن وسالهایش ادای شیر وکفتار ودیگر حیوانات وحشی را درمی آورند که به آنان حمله میکنندی،وقتی گوزن کوچولو اسم شیرها وکفتارها را می شنود ،سوالات بیشتری از هم سن وسال هایش می پرسد ،آنهادیگه چه حیواناتی هستن چه شکلی هستن به ما چه کار دارن چرا دشمن ما هستن وهم سن وسالهایش که اطلاعات زیادی از پدر ومادر خود

درباره این حیوانات دارند به او می گویند ، گوزن کوچولو به نزد مادر می آید وهمان سوالات را از او می پرسد ،مادر ابتدا از جواب سر باز می زند ،چون به یاد خاطرات تلخ گذشته می افتد ودر ضمن نمی خواهد ذهن پاك وخالی از وحشت وترس فرزند کوچکش را مشغول به این افکار وحشتناك کند ،این است که از جواب طفره می رود وکودك را سرگرم به کارهای دیگری میکند ولی کودك دست بردار نیست ومرتبا سوالات بیشتری از مادر می پرسد :

مادر چرا شیرها وکفتار ها وسگهای وحشی دشمن ما هستن چرا مارا می خورن مگه ما به اونا چه بدی کردیم ،مگه اونا رحم وانصاف ندارن مگه خود بچه ندارن واز این قبیل سوالات .

مادر در جواب در می ماند ومی گوید ،پسرم جواب همه ی سوالات تو اینه که این سرنوشت ماست وخدا ما علفخواران رو این طور آفریده که بایدکه طعمه ی علفخواران بشیم ،ولی ما باید درزندگی تلاش کنیم که زنده بمونیم ونسل خود رو حفظ کنیم ،همین وبس ، دیگه بسه از این سؤالات مپرس حوصله ندارم.

ولی ذهن فعال گوزن کوچولو ، قانع نشد یعنی چه ؟ این چه سرنوشت مسخره ای‌ه که ما باید تسلیم اون باشیم؟ مگه ما حق زندگی و حیات نداریم؟ پس اگه ما حق زندگی و حیات نداریم ، خدا چرا ما رو آفریده؟ کی گفته ما نمی‌- تونیم، در برابر این وحشی های درنده کاری از خود نشون بدیم؟ مگه دنیا صاحب نداره؟ مگه زندگی بی معنیه من که نمی تونم تسلیم این سرنوشت بشم وطعمه ی مشتی حیوون کثیف و وحشی بشم گوزن کوچولو از هر گوزنی که این پرسش را می کرد، همین جواب ها را برای او سر هم می کردند.

، او نه تنها از این جواب ها قانع نمی شد بلکه کم کم داشت ، حوصله اش هم از این جواب های تکراری و بی منطق سر می رفت و گاه با تندی و عصبانّیت با کسانی که چنین جواب هایی می دادند سخن می گفت و آنها را ترک می کرد .

سرانجام از دیدن گوزن ها و منطق آنها حالش به هم می خورد و دلش می‌- خواست با حیوانات دیگر و پرندگان دوست شود و سخنان تازه و منطقی تری از آنها بشنود، مدتی بود که با جغدی بسیار پیر و دانا که آثار کهولت و پیری

در قیافه اش هویدا بود دوست و صمیمی شد ، جغد توانایی نداشت که در روز پرواز کند و اغلب اوقات روزها بر درختی کهنسال در گوشه مرغزار چرت می زد، و شب ها هم که نمی خوابید و در گوشه ای دور از همه پرندگان و حیوانات دیگر کِز کرده بود، و با کسی سخنی نمی گفت، گاه گاهی از دیدن این وقایع فجیع کشت و کشتار در طبیعت اطراف، از ته دل با صدای بلند هو هو می گفت .

یکدفعه که گوزن کوچولو که اکنون به سن نوجوانی نیز رسیده بود از دست جواب های بی منطق دیگر گوزن ها و هم سن و سال ها ، بسیار عصبانی شده بود و به گوشه ای در زیر آن درخت رفت ، جغد وی را دید و گفت : سلام ، چرا ناراحتی و مثل اینکه قهر کردی ؟ چرا پیش دوستات نمیری .

گوزن کوچولو: سلام جغد پیر اونارو ول کن، حرفاشون بی منطقه ، انکار در زندگی یکبار هم فکر نکردن، فقط حرفای قدیمی ها رو قبول می کنند و از خود نظری ندارند.

جغد پیر: مگه چی می گن

-می گن که این سرنوشت ماست که طعمه ی شیرها و کفتارها بشیم

- **جغد:** با تلخی می خندد ها ها ها ، مثل اینکه تو هم مثل من دلت از این حرفا پرهِ،

- بله، معلومه که پُره، آخه این چه منطقیه که ما گوزنا باید طعمه شیرها و کفتارها بشیم وباید هم به این سرنوشت راضی باشیم و گاهی هم برای جلوگیری از این بدبختیها نجنگیم؟

- جوان، من هم کاملاً با تو موافقم ، همه این بدبختیها و سیه روزیها از نادانی و نفهمی حیوانات و تقلید کورکورانه از شیوه گذشتگان و پدران آنهاست، آنها اکثر عقلشون به چشم وشنیده هاشون و یک آن کّلهٔ خود را به کار نمی - اندازند تا حقایق امور را بفهمند و مشکلات و مصائب خود را حل کنند، بایدگفت که مغز آنها تنبلترین عضو آنهاست که هیچگاه در زندگی از آن

استفاده درستی نکرده اند ، بی خودنیست که مغز آنها اینقدر کوچک مانده و نسبت به سایر حیوانات رشدی نکرده است.

- عموجغد تنها حرفهای تو برای من دلنشین و قانع کننده است ، بیشتر برایم حرف بزن ، بگو راه چاره چیست ، راه حل این مصیبتهای ما علفخواران و شکست و از بین بردن این درندگان درچیه؟

- جوان راه های چاره وجود دارد ، به شرط آنکه حیوانات با هم متحد شوند و بخواهند خود را از این وضع رها کنند برای غلبه و شکست دشمن باید اول دشمن را از نزدیک شناخت و به روحیّات ونقاط ضعف و قوت آن پی برد ، آیا تو هرگز این دشمنان خود را از نزدیک دیده ای ؟

- نه هرگز، چون من از وقتی که به دنیا اومدم در این سوی رودخونه بودم و مادرم هرگز اجازه نداده به اون سوی رودخانه برای چرا برم، چون می گه ممکن است تو هم مثل پدرت کشته شی.

- او درست می گه ولی باید برای شناخت دشمنانتان برای یکبار هم که شده آنها را از نزدیک ببینی تا راه مقابله با آنها و از بین بردن آنها را پیدا کنی، توصیه می کنم، یکبار با تعدادی از گوزن های نر بزرگسال و چابک به آن سوی رودخانه بری و این درندگان را از نزدیک ببینی و با نقاط ضعف و قوت آنها از نزدیک آشنا بشی و بعد برای مقابله با آنها اقدام کنی، ولی باید احتیاط های لازم را در این مورد انجام بدی و گرنه طعمه شیرها و کفتارها می شی، مواظب باش معمولاً این حیوانات درنده به حیوانات تنها و جدا از گله بیشتر حمله می کنند اگر با هم و بصورت گروههای بزرگ حرکت کنید آنها جرأت نزدیک شدن و شکار شما را ندارند، سعی کنید در هنگام حرکت در صحرا از هم جدا نشید و گروهی به چرا و حرکت بپردازید، در گذشتن از رودخانه هم سعی کنید، زمانی از رودخانه عبور کنید که کروکودیلها ، تازه غذای خود را خورده اند و سیرند،در چنین مواقعی ، کمتر تمایل دارن به شکار بپردازند و علاوه بر آن سرعت حرکت هم نقش تعیین کننده ای داره،

هر چه سریعتر از آب ها عبور کنید، امکان گیر افتادن شما کمتر است، بعد از اینکه دوباره برگشتید سعی کن دوباره به دیدار من بیای و با من مشورت کنی تا دو مورد مقابله با آنها تو را بیشتر راهنمایی کنم.

- عمو جغد شما خیلی دانا و با تجربه هستید، پس چرا همیشه دور از اجتماع حیوانات و پرندگان در این گوشه به انزوا نشسته اید و با کسی کاری ندارید؟

- گوزن جوان گناه من فقط حق گویی است ، من پرنده ای حق گو هستم و به همین علت نیز چون حق می گویم ، شنوندگان من هم کم هستند ، چون اصولاً حیوانات از حرف حق بدشان می یاد و تاب شنیدن اونو ندارند، از این جهت مرا مرغ حق می نامند واز من گریزانند، بعضی نیز مرا پرنده ویرانیها و خرابه ها می نامند آنها درست می گن، چون من در خرابه ها و در انزوا دنبال گنج هستم ولی نه طلا و نقره بلکه گنج معرفت چون معرفت جز با گوشه نشینی و کناره گیری از جمع نادان وغوغا و تفکّر بدست نمی یاد. بنابراین من

طمع پیدا کردن طلا روندارم ولی طمع کسب معرفت را چرا دارم و پنهان هم نمی کنم.

- ولی عمو جغد تو دیگر از این پس تنها نیستی چون من رو داری و من هر روز برای دیدن و صحبت کردن با تو می آیم،

- زنده باشی جوان

- خدانگهدار تا بعد

- خدانگهدار و موفق باشی

در این هنگام مادر گوزن کوچولو از پرسشهای مکرر و کنجکاویهای فرزندش به یاد نشانهٔ دیگر منجی موعود گوزنها می افتد، و این نشانه را درفرزندش نیز کاملاً در می یابد در اینجا دیگر تردیدی باقی نمی ماند که منجی موعود همان فرزند دلبند اوست، وقتی که فرزندش به پیش او باز می-

گردد از وی می پرسد این روزها کجا رفت و آمد می کنی؟ و چه کاری

داری؟

- مادر دنبال پرسشهای خود می گردم، و هیچ کس جواب درستی تا

حالا نداد، مگر عمو جغد.

- عمو جغد همان جغد پیر گوشه گیر را می گویی که با کسی کاری

نداره

- بله مادر او داناترین پرنده ای است که تا حال من دیده ام و به سوالاتم

هم جواب سربالا نمی ده جواب های او تنها مرا قانع می کند نه

حیوانی دیگر.

- فرزندم راست می گویی او بسیار داناست، پرنده خوبی هم است، او را

از مدتها می شناسم ولی نمی دانم چرا اینقدر گوشه گیر و منزوی

است

- بله گوشه گیر است علّت اون رو هم خودش گفته، علت گوشه گیری او حق گویی است و بس، چون حیوانات تاب و توان حرف حق را ندرند.
- بله همینطور است، هیچ حیوانی تاب و توان حرف حق را نداره.
- خب، پس مادر رفتن پیش او چه اشکالی دارد؟
- نه اشکالی ندارد، به پیش او برو و بر دانایی خود اضافه کن و از تجربیات او در زندگی هم استفاده کن و برای من هم از سخناش تعریف کن.
- فرزندم امروز می خوام رازی را با تو در میون بذارم، خوب گوش کن
- بگو مادر من سراپا گوشم.
- گذشتگان ما از آمدن یک منجی کوچولو در میان ما گوزن ها برایمان سخنها گفته اند و نشانه های او را هم از قبل برای ما گفته اند، امروز

وقتی این نشانه ها را به یاد می آورم، می بینم که این نشانه ها در وجود

تو تماماً وجود دارد.

- منظورت چیه مادر؟

- در حالی که چشمانش از صفا و شادی برق می زد گفت، مقصودم اینه

که منجی ما گوزنا در حقیقت توئی!

گوزن کوچولو در حالیکه اشک در چشمانش حلقه زده بود با لبخند صورت

خود را به صورت مادر چسباند و گفت خدا را شکر، خدا را شکر که این

نشانه ها در وجود منه، ولی مادر می دانی که این امر مسئولیت بزرگیه است،

منجی تمام این رمه ی گوزن ها مسئولیت بزرگیه است آیا من می تونم به

درسی از عهده این کار بربیام.

- بله، چرا که نه، من مطمئنم تو به خوبی از عهده این کار بر می یای، به

شرطی که به حرف و نظر بزرگترا هم احترام بذاری و همه گوزن ها

رو با کم همراه سازی، تو فردا با من به جمع بزرگان گوزن ها می یای

و من حقیقت رو برای آنها می گم سعی کن اعتماد به نفس لازم را
داشته باشی و به خود مطمئن باشی.

- بله مادر

فردای آن روز به مجمع گوزن های کهنسال و بزرگ رمه در کنار درخت
کهنسالی می روند و هر دو سلام می کنند و گوزن های پیر و سالخورده به
علامت جواب سری تکان می دهند و علت آمدن آنها را جویا می شوند.

- ای بزرگان رمه می خوام خبری به شما بگم، همه گوزن ها با حالت
  تعجب گردن های خود را سیخ کردند و ساکت شدند.

- می خوام امروز رازی را به شما بگم، همگی گوش کنید می خواهم
  منجی شما را به شما معرفی کنم، همان منجی کوچولو و موعود همه
  گوزن ها ساکت می شوند، یکی از آنها می گوید، شوخی می کنی

- نه خیلی هم جدی می گم.

آن گوزن گفت: خب بگو منجی ما گوزنا که ما نشانه های آن را هم

خوب می دانیم کیست؟

- آن منجی فرزند منه که الان در جلوی شماست بزرگان که انتظار

چنین ادعایی را نداشتند، باهم شروع به صحبت کردند و گفتند، این

ماده گوزن چه می گه؟منجی موعود آن هم با این سن کم، ممکن

نیست برخی دیگر نیز حرف او را تا حدی باور کردند، و گفتند چرا

که نه؟ چون پیشینیان ما به ما گفته اند که آن منجی سن زیادی هم

نداره، بهتره، برای اونکه مطمئن بشیم ببینیم، نشانه اصلی را که همان

خال سفید در گوشه ران راستش است داره یا نه، همگی موافق این امر

بودند، و جلوتر رفتند و گوزن کوچولو را از نزدیک بازرسی کردند و

با کمال تعجب دیدند که قضیه حقیقت دارد، تقریباً اکثراً قانع شدند

که این همان منجی موعود است. چون تا آن موقع هیچ بچه گوزنی در

میان رمه به دنیا نیامده بود که چنین نشانی در بدن داشته باشد، ولی

عده ای هم به خاطر حسادت و غرور بیهوده نمی خواستند این حقیقت را قبول کنند و به انکار خود ادامه می دادند، شاید آنها آرزو داشتند که این منجی از فرزندان آنها باشد و چون این منجی فرزند گوزن دیگری است که چندان هم از بزرگان گوزن ها محسوب نمی شد، حس حسادت و خودبرتربینی تمام وجودشان را گرفته بود ، و حقیقت را قبول نمی کردند ولی مهم نبود اکثر گوزن های منصف، و از جمله رئیس رمه که گوزنی پیر و فرزانه بود این حقیقت را قبول کردند و به شادی و پایکوبی پرداختند و سرو صورت گوزن کوچولو را نوازش می دادند رئیس رمه فریاد زد، منتظر چه هستید، برای منجی کوچولوی ما علف بیاورید امروز او غذایی نخورده است ، از رنگ صورش پیداست و گوزن های دیگر به صحرا رفتند و بهترین وشیرین ترین علف ها را جمع کردند و در پیش گوزن کوچولو گذاشتند.

بعد از اینکه پذیرایی تمام شد ، رئیس گوزن ها به گوزن کوچولو گفت، خب پسرم وضعیت بد ما را که می بینی، چگونه در چنگال مشتی درنده وحشی گرفتاریم و هر روز قربانی بیشتری می دهیم ، بگو بدانم چه برنامه ای برای مقابله با آنها داری .

گوزن کوچولو گفت : اول باید بگویم که ما باید در تمام جاها برای مقابله با آنها متحد باشیم، وموضوع دوم آنکه باید ببینیم دشمنان ما در چه جاهایی زندگی میکنند و نقاط ضعف و قوت آنها چیست؟

رئیس رمۀ گوزن ها گفت ، همانطور که می دونی عده ای از دشمنان خونی ما در آب و میان رودخانه زندگی می کنند که بسیار نیز خطرناکند، که همان کورکودیلهای بزرگ و بدجنس هستند و دسته دوم از دشمنان ما که تنوع بیشتری هم دارند، در دشت و صحرای آن سوی رودخونه به سر می برند و انواعی دارند، که مهمترین آنها شیرها، کفتارها، سگهای وحشی و پلنگها و

یوزپلنگها هستند، که شیرها و کفتارها و سگهای وحشی، قربانی بیشتری از ما نسبت به پلنگها می گیرند.

- گفت ، بهتره من و تعداد زیادی از گوزن های چابک در فرصت مناسب که کروکودیلها ، خواب و سیرند و غذای خود را خورده اند ، از رودخانه عبور کنیم و به اون سوی رودخونه و به میان صحرا و جانوران درنده بریم و از نزدیک زندگی و وقت شکار و طرز غذا خوردن آنها را از نزدیک ببینیم ولی به شما می گویم، که اولاً باید با هم حرکت کنیم و حتی یک لحظه از هم جدا نشیم، و بیشتر در علف ها کمین کنیم و حرکات درنده ها را در نظر بگیریم، اگر یکی از ما جدا شد و در معرض دید قرار گرفت طعمۀ اونها می شه.

- ولی این کار بسیار خطرناکیه است. آیا واقعاً لازمه، ممکنه جونتون رو ازدست بدید.

- بله لازمه، ما باید عادات شکار و غذا خوردن اونا و نقاط ضعف آنها را بیشتر بدونیم تا بتونیم بر آنها پیروز بشیم گوزن پیر قبول کرد و قانع شد، و عده ای از چابک ترین و قوی ترین گوزن های نر را انتخاب کرد و گفت در فرصت مناسب با گوزن جوون همراه بشید، و در یک لحظه غافلگیری کورکودیلها از رودخونه عبور کنید. آنها نیز قبول کردند و دو سه روزی منتظر شکار کورکودیلها و خواب آنها شدند و در فرصت مناسب از آب همگی به سلامت گذشتند تقریباً در تاریکیهای صبح بود که آنها از آب ها عبور کردند و به میان نیزارها و باتلاق های کنار رودخانه رفتند و در کمین نشستند.

شیرها طبق معمول در روز و شب به شکار مشغول بودند ولی بیشتر شب شکار می کردند و روز می خوردند و می خوابیدند و تقریباً به صورت گروههای دو سه تایی به شکار می رفتند و شکار را غافلگیر می کردند . یک شیر مادر به دنبال شکار به راه می افتاد ، و شیر دیگر در نقطه ای در میان علفزار به کمین

می نشیند و وقتی شکار بیچاره ازشیر اول فرار می کرد و به نقطه کمین می-
رسید به روی او می پریدند و با جویدن خرخره و گردن حیوان او را خفه می-
کردند و اگر احتمالاً حیوان بزرگتر بود شیرهای دیگر و از جمله شیرهای نر
هم به کمک می آمدند و حیوان بیچاره را یکجا می دریدند و بصورت
گروهی به خوردن شکار مشغول می شدند.

کفتارها هم از دور مراقب بودند و اگر تعداد شیرهای شکارچی کم بود، مثلاً
یک شیر ماده حیوانی را شکار می کرد و به خوردن مشغول می شد، کفتارها
به صورت گروهی حمله می آورند و شیر ماده از ترس حمله گروهی آنها فرار
می کرد و آنها شکار وی را می دزدیدند، ولی اگر تعداد شیرها زیادتر بود و
یا یک شیر نر همراه آنها بود کفتارها جرأت نزدیکی به شکار را نداشتند.
سگهای وحشی هم به صورت گروهی شکار می کردند و البته کفتارها هم
گاهی بصورت گروهی خود شکار می کردند، ولی هم سگ های وحشی و
هم کفتارها علاوه بر شکار، لاشخوری هم می کردند و از باقیمانده شکار

شیرها و پلنگها استفاده می کردند، بعد هم که شیرها سیر می شدند سرو کلۀ لاشخورها از آسمان پیدا می شد تا باقیمانده شکار را نیز ببلعند و تنها اسکلتی از حیوان را بر روی زمین باقی گذارند.

گوزن کوچولو و دیگر گوزنها همه این صحنه ها را بدقت نگاه می کردند. بعد از آنکه همه این صحنه ها را بدقت دیدند، و اطلاعات خود را کامل کردند در فرصتی مناسب و در غفلت کورکودیلها دوباره از رودخانه عبور کردند، وقتی که از رودخانه عبور می کردند گوزن کوچولو فکری به کله اش رسید و آن این بود که متوجه شد که حیات این کورکودیلها مثل دیگر موجودات به آب بستگی دارد ولی نیاز کورکودیلها به آب خیلی بیشتر است و اگر در آن آفتاب گرم آفریقا کمی از آب دور شوند توانایی خود را با گرمای آفتاب از دست می دهند ، ضمناً موجوداتی نسبتاً کند هستند، البته بیشتر در خشکی تا در آب و در آب چابکی خاصی دارند، پس نقطه ضعف

این موجودات همان وجود آب است و به این صورت برای مقابله با آنها داشت فکرهای جالبی به کلهٔ کوچکش می رسید.

بعد از آن که به آن سوی رودخانه رسیدند از طرف مادر و دیگر گوزن ها مورد استقبال قرار گرفتند و آنها به شجاعت گوزن کوچولو و دستهٔ او آفرین گفتند و از آنها پذیرایی کردند، گوزن کوچولو به رئیس رمهٔ گوزنها گفت که من باید برای مشورت کسی را ببینم و با وی در این مورد مشورت کنم، اجازه هس مرخص شم. و گوزن پیر اجازه داد و گوزن کوچولو به سراغ جغد دانا و پیر رفت و سلام کرد.

جغد جواب سلام وی را داد و گفت ، چه خبر جوان

- خبرهای خوب، همانطور که گفته بودی به آن سوی رودخانه رفتیم و اطلاعاتی راجع به عادات شکار و خواب حیوانات درنده بدست آوردیم و به سلامت نیز برگشتیم .

- آفرین بر تو جوان، حالا می توانی بهتر برای مقابله با آنها تصمیم بگیری.

- در مورد کورکودیلها هم اطلاعاتی بدست آوردم.

- چه اطلاعاتی

- اینکه نقطه ضعف آنها وجود آبه، اگر آب نباشه آنها زیاد دوام نمی- یارن و از بی آبی میمیرن

- خب معلومه، همه حیوانات به آب نیاز دارن، و از بی آبی می میرن.

- می دونم ولی وضعیت کورکودیلها کمی فرق می کنه و اولاً بیشتر باید بدنشون در آب باشه، و بعد هم توانایی حرکت زیادی در خشکی بدون آب ندارند.

جغد پیرکمی صورت خود را درهم برد و کمی به فکر فرو رفت و بعد صورتش گشاده شد و لبخندی زد و گفت: آهان، فهمیدم جوون، منظور تو رو فهمیدم یعنی می خوای بگی که شما می تونید، که با قطع کردن آب رودخانه

برای مدتی، تمام کورکودیلها رو که یکی از دشمنای خونی شمان از تشنگی و آفتاب نابود کنید.

- بله ، دقیقاً همین منظورمه.

- ولی فکر اونو هم کردی که با قطع آب خودتون هم بی آب می مونید و اذیت می شید و ممکنه از تشنگی بمیرید؟

- نه عمو جغد، وضعیت ما با کورکودیلها فرق می کنه، ما می تونیم روزانه تا فاصله زیادی در امتداد رودخونه به طرف بالا یا پایین حرکت کنیم ، ولی کورکودیلها، بدون آب در خشکی چنین قدرتی ندارند و اگر آب از بالای رودخانه مثلاً در فاصله زیادی قطع بشه، نمی تونن به بالای رودخونه خودشونو برسونن و چون حرکت اونا در خشکی کنده، همگی از تشنگی و بی آبی تلف می شن و آفتاب هم پوستشونو خشک می کنه.

جغد که از این همه هوش و ذکاوت گوزن کوچولو تعجب کرده بود ناخودآگاه به این فکر او آفرین گفت و ادامه داد فکرت عالیه ولی اول باید به فکر بستن آب از نقطه مناسبی از رودخونه باشید، جائی که اولاً بسیار از کورکودیلها دور باشه، و نتونند به اونجا زنده برسند و دوم اونکه این سدّو باید جائی از رودخونه بزنین که بشه آب رودخونه رو مدتی نگه داشت و بصورت دریاچه ای بزرگ درآورد و آب برای مدتی از بالای اون سرریز نکنه منظورم اینه که باید یه جائی سدو زد که پهنای رودخانه بسیار وسیع و دیواره های اون هم بلند باشه، و با سد زدن بر روی آب مسیر آبو برای مدتی هم که شده به سوئی دیگر منحرف کنید.

- بله فکر اینه شو هم کردم، نقاطی در بالای رودخونه است که شکل مناسب برای اینکار داره و مشکلی نداریم ولی مشکل اساسی ما سد سازیه، ما که مهارت و توانایی چنین کاری رو نداریم، چه کار باید بکنیم، از کی کمک بخوایم.

- نگران اون قضیه نباشین، من می دونم چه حیواناتی مهارت این کار رو دارند و می تونن به شما کمک کنند، سمورها و سگهای آبی.

- اونا که همینطوری نمی یان به ما کمک کنن و برای ما سد بسازن لابد یه مزدی از ما می خوان چی بهشون بدیم .

- نه نگران نباش، اصلاً مزدی نمی خوان، خودشون این کارو دوست دارن و جزو زندگیشونه.

- چطور مزدی نمی خوان، منظورت چیه؟

- آخر این حیوانات برای اینکه بتونن راحت زندگی کنن، معمولاً خودشون میان وجلو رودخونه با چوب درختان سد سازی می کنند و وقتی سد درست شد و آب پشت اون جمع شد در پشت اون سد در میان آن حوضچه آب راحت زندگی می کنند.

- چه جالب، ولی اونا که این نزدیکی ها زندگی نمی کنند چطور اونا رو
سریع خبر کنیم که یه همچین جائی برای سد سازی از رودخونه وجود
داره.

- نگران نباش، آقا کلاغه اینجا با من دوسته، ازش می خوام که همین
امروز پرواز کنه و خیلی سریع خودشو به سرزمین سمورها و سگهای
آبی برسونه و به اونا اطلاع بده که چنین جائی برای سد سازی است و
زود خودشونو به اینجا برسونند.

- ولی اگر سدو درست کردن، دو مشکل اساسی برای ما پیش می یاد
یکی اینکه درسته ما می توانیم برای مدتی به بالای رودخانه بریم و
آب بخوریم ولی همیشه که نمی تونیم و به این صورت زندگی ما
سخت می شه، و دیگر اینکه وقتی رودخونه خشک شه، درسته که
کورکودیلها از بین میرن، ولی وقتی مانع آب برداشته شد حیوانات

وحشی و درنده به این سوی رودخونه می یان و ما رو شکار می کنند،

راه چاره چیه؟

- آهان، خوب گوش کن چی می گم، این مشکلات هم راه داره که

باید خوب گوش به حرفام بدی تا راهشو برات بگم.

آب رودخونه رو برای همیشه نمی بندید وقتی که کورکودیلها از بین

رفتند و آب هم مقداری پشت سد جمع شد، با سگهای آبی حرف

می زنید و به اونا می گید، برا اینکه آب زیاد پشت سد نمونه و سرریز

نکنه و کار شما هم مشکل نشه، یک سوراخ هایی در سد ایجاد کنند

که همیشه مقداری از آب سد خارج بشه و به سرزمین های پایین تر

بیاد و شما مصرف کنید، بعد هم خود همین سد سازی از خشکسالی

هم جلوگیری می کنه و همیشه درتمام سال شما آب دارید ولی به

اندازه کافی و نیاز شما و رودخونه هم به این صورت طوفانی نمیشه.

دوم اینکه، شما در مدت زمانی که سمورها و سگهای آبی مشغول سد سازی

هستند، باید یه فکری برای نابودی درندگان اون سوی رودخانه هم بکنید.

- چطور، اونا رو چطور از بین ببریم.

- اونا رو هم یه فکرهایی براشون دارم، امشب خیلی دیر شده مادرت

ممکنه نگران بشه، زود برو خونه، فردا که می یای درباره نابودی

حیوانات درنده هم برات یه حرفایی دارم که جالبه گوزن جوان،

لبخندی از روی رضایت زد و از جغد پیر تشکر و خداحافظی کرد.

به خانه که رسید، مادرش را دید که چشم به راه اوست، گفت فرزندم مگر به

تو نگفتم که زیاد دیر نیا، دل نگرانت می شم.

- معذرت می خوام، مادر درباره امور مهمی با جغد پیر مشورت می

کردم، سعی می کنم دیگه تکرار نشه.

- آفرین پسرم مشورت در هر کاری لازمه اون هم با دانایان.

مادر مقداری علوفه تر و تازه برای گوزن جوان آورد و او با ولع شروع به خوردن کرد، در حین علوفه خوردن درباره صحبتهای خودش با جغد پیر با مادر صحبت کرد و مادر از این نقشه ها برای مقابله با دشمن هم شگفت زده شد و هم به هوش جغد و پسرش آفرین گفت.

صبح شد و آفتاب موهای پریشان و طلایی خودش را بر روی دشت و صحرا افشان کرد.

گوزن کوچولو و مادرش به مجمع بزرگان و گوزنهای سالخورده رفتند و گوزن کوچولو نقشه های خود را برای نابودی دشمنان آنها با گوزنهای دیگر در میان نهاد و آنها نیز همگی قبول کردند و از شدت شادی نعره ها کشیدند.

حوالی غروب آفتاب بود، گوزن کوچولو، گفت بهتر است طبق وعده و قولم به نزد جغد دانا برم، حرکت کرد و اینک در زیر همان درخت جغد پیر.

- سلام

- سلام جوان ، می بینم که خوش قول هم هستی و درست به موقع اومدی

- بله من از بدقولی نفرت دارم

- خوب چه کار کردی ، گوزن های دیگر را از این کار مطلع کردی یا خیر،

- بله، کاملاً عمو جغد ولی دیشب داشتم درباره نقشه هایمان فکر می کردم
افکار تازه ای به ذهنم رسید، گفتم اونا رو با تو در میان بذارم

- چه افکاری ، بگو پسرم ، سراپا گوشم.

- بهتره کمی نقشه را اصلاح کنیم و تغییراتی در اون بوجود بیاریم.

- چه تغییراتی

- بهتر نیست، ابتدا به حساب درندگان آن سوی رودخانه بریم و اوانا رو نابود
کنیم و بعد به فکر سد سازی و نابودی کورکودیلها باشیم، به این صورت نمی
خواد در سد سازی عجله کنیم و دچار اشتباه در محاسبه بشیم، چون ممکنه

قبل از اونکه بتونیم تمام درندگان آن سوی رودخونه را از بین ببریم، سد تمام بشه، و با خشک شدن رودخانه، بقیه درندگان که زنده باشند به این سوی رودخانه بیایند و به ما حمله کنند.

جغد پیر کمی فکر کرد و گفت مثل اینکه باز تو درست می گی، کاملاً درست فکر کرده ای باید احتیاط های لازم را در این مورد به کار ببریم بله بهتره از درندگان شروع کنیم.

- خوب بگو ببینم در این مورد چه فکرهایی داری، بگو بدونم.
- من مدتهای بسیاری از زندگیم را در اطراف آدما زندگی کردم و با روش زندگی اونا و کارهایی که می کنند و وسایلی که درزندگی برای حل مشکلاتشان به کار می برند آگاهی کامل دارم، اونا برای نابودی بعضی از حیوانات وحشی که به دامهایشان حمله می کنند و یا حیوانات دیگری که علفخوار هستند و به مزارعشان آسیب می رسونن

از روشهایی استفاده می کنند که شما هم می تونید این روشها را بر

علیه دشمانتون بکار ببرید.

- مثلاً چه روشهایی

- برات می گم، تحمل کن جوان

مثلاً برای از بین بردن حیوانات درنده که به دامهاشون حمله می کنند.

ماده ای به نام سم به کار می برند که بسیار کشنده است این سم را با گوشت

آغشته می کنند و در جاهای خاصی برای حیوانات درنده می ذارن و حیوانات

با خوردن اون بلافاصله می میرند و یا شکارچیان آنها برای به دام انداختن

حیوانات ، تله بکار می برند

- تله دیگه چیه؟

- مثلاً برای حیوانات وحشی چاه های عمیق حفر می کنند و سر آن را با

برگ و چوب می پوشانند و حیوانات وحشی که می خواهند از آنجا

عبور کنند در آن چاه عمیق می افتند و توانایی بیرون آمدن ندارند ، و انسانها سر می رسند و اونا را شکار می کنند.

- عجب این انسانها چه جونورانی باهوشی هستن مگه نه؟

- بله جوان، و علت پیشرفت اونا متکی به بودن آنها به همین فکر و خرد و عقل گرائیه که ما حیوانات متأسفانه کمتر از آن بهره می گیریم و به این صورت از آنان عقب تر ماندیم.

- ولی از این بعد ما هم از فکر و عقلمون بیشتر کمک می گیریم، این روشها که گفتی بسیار جالب و کارسازه و ما که توانایی مقابله رو در رو با چنین وحشی هایی نداریم ناچاریم از همین روشها برای مقابله با اونا استفاده کنیم.

- بله چاره ای دیگر نیست، ولی در این مورد باید از کمک دیگر حیوانات بی آزار دیگر هم که خود قربانی این درندگان هستن هم استفاده کنید.

- چه حیواناتی؟

- مثلا گورکن ها و خرگوش ها که متخصص حفر چاه و چاله در زمین هستند، اگر با اونا صحبت کنید و بگید که قصد دارید، دشمنان مشترک شما و اونا رو از بین ببرید با شما در این مورد همکاری می- کنند و با شما متحد می شن .

- ولی سمها را چگونه بدست بیاریم ما که نمی تونیم حتی به مکان آدمها نزدیک بشیم، اونا ما رو شکار می کنند.

- نگران نباش : گفتم که آن کلاغ دوست صمیمی من است، ضمناً او سردسته و رئیس کلاغهای دیگر هم هست، آنها در ربودن اشیاء از آدما بسیار حرفه ای و ماهرن و اکثراً هم گیر نمی افتند همین دوست من کلاغ یکبار مرا به لونه خود برد و انبوهی از اشیاء قیمتی و درخشان را که از آدما ربوده بود به من نشان داد، امروز دوباره با او صحبت می کنم و فعلاً او رو از مأموریت اول که خبر به سمورها و سگهای آبی

است، منصرف می کنم و از او می خوام که با دوستانش به سراغ آدما

برن ، و مقدار زیادی از سموم بسیار خطرناک و مرگ آور رو از اونا

بربایند و کم کم به اینجا انتقال دهند تا در موعد مقرر از آنها استفاده

کنیم.

شما هم به سراغ گورکن ها و خرگوش ها برید و در مورد حفر چاه ها بر سر

راه حیوانات وحشی در آن سوی رودخانه با آنها صحبت کنید.

-   بله جغد پیر، فعلاً خداحافظ

-   خدانگهدار، مواظب خودت باش

گوزن کوچولو به نزد مادرش رفت و نقشه های جدید خود و جغد پیر را با او

در میان گذاشت و او باز هم بسیار خوشحال شد و به آنها آفرین گفت.

روز بعد، خورشید چون گوئی قرمز رنگ و بزرگ با زحمت خود را به بالای

افق رساند، امروز اندکی هوا مه آلود بود و خورشید درخشندگی هر روز را

نداشت.

گوزن جوان و مادرش باز هم در نیمهٔ روز به مجمع گوزن ها رفتند و گوزن کوچک، نقشه های تازه اش را با بزرگان در میان گذاشت و آنها نیز آن نقشه ها راقبول کردند و فکر آنها را تحسین کردند.

رئیس گوزنها، پیکی نزد رئیس خرگوش ها و سردسته گورکن ها فرستاده و آنها را برای کار مهمی به مجمع خود دعوت کرد، آنها نیز بلافاصله آمدند.

وقتی که گوزن جوا نو رئیس گوزن ها نقشه خود را با آنها درمیان گذاشتند و اهمیت کار را برای آنان نیز شرح دادند، آنها نیز با این کار موافقت کامل کردند و حاضر به همکاری شدند، ولی یکی از آنها گفت که یک مشکل وجود دارد ، تعداد زیادی از ما خرگوش ها و گورکن ها در این سوی رودخونه ایم و تعداد کمی از ما به زحمت در اون سوی رودخانه ماندن و آنها نیز به تنهایی قادر به کندن این همه چاه، با عمق زیاد نیستند، ما باید همگی به آن سوی رودخونه برای کمک آنها بریم و می دانیم که در مواقع خاصی هم باید کار کنیم، که حیوانات وحشی در خواب باشند تا ما را شکار نکنند. حال

بگوئید با وجود این همه کورکودیل در میان آب چگونه می توانیم از آب عبور کنیم ، آب رودخانه هم که زیاده ، و ما را غرق می کنه.

گوزن جوان گفت: آن مشکلی نیست، فکر آن را هم کرده ایم شما می توانید دوسه تا دوسه تا بر پشت ما گوزن ها سوار شید و خودتونو اون سوی رودخونه برسونید.

آن خرگوش قانع شد و دیگر چیزی نگفت.

رئیس رمهٔ گوزن ها گفت: سکوت نشانهٔ رضایته . از فردا شروع می کنیم.

روز بعد در فرصتی مناسب که کروکودیلها در خواب غفلت بودند، تعداد بسیار زیادی از کورکودیلها و خرگوشها برای حفاری به آن سوی رودخانه منتقل شدند. و در فرصتی مناسب، در جاهای مشخصی در محل عبور حیوانات وحشی و قلمرو آنها در زمانی که آن حیوانات در خواب بودند ، شروع به حفاری و چاه کندن شدند این کار چند روزی   طول کشید. ولی

بالاخره با هر زحمتی بود، کار به اتمام رسید و تعداد زیادی چاه عمیق بر سر راه حیوانات وحشی حفر گردید. وقتی گوزن کوچولو از چاه ها بازدید می نمود، به عمق آنها توجه می کرد و اگر می دید عمق بعضی کم است، دوباره دستور حفر بیشتر را می داد وقتی تمام چاه ها حفر گردید، گوزن جوان دستور داد که روی آنها را در فرصتی مناسب با چوب و شاخ و برگ درختان به گونه ای پوشاندند که اصلاً برای حیوانات وحشی قابل دیدن نبودند، فقط برای آنکه خود گوزن ها و خرگوش در آن نیفتند علائم خاصی در کنار آنها قرار دادند، که فقط خود خبر داشتند و حیوانات درنده بی خبر.

حال روز موعود فرا رسیده بود و تله ها و چاه ها آماده ، گوزن جوان در جمع گوزن ها و خرگوش ها و گورکن ها حاضر شد و راه عملی کردن نقشه ها را برای آنها شرح داد ، اینک شروع جلسه ، صدای همهمه و هیجان حیوانات شنیده شد.

گوزن پیر: لطفاً سکوت را رعایت کنید، خوب به حرفهای گوزن جوان گوش کنید و درست طبق نقشه عمل کنید.

گوزن جوان: از همه حیواناتی که در حفر چاه ها و عبور از رودخونه با ما همکاری کردن، کمال تشکر را داریم ولی هنوز کار ما تمام نشده، مرحله دوم عملیات ما بر علیه دشمنان خونخوار، تحریک و به تله انداختن آنهاست، فردا تعدادی از شما که جرات و جربزهٔ بیشتری دارند و چابک تر هستند و حاضر به همکاری داوطلبانه هستند به آن سوی رودخانه می رید و در موقع شکار حیوانات درنده در حوالی چاه ها و در جلو چشم آنها با خیال راحت شروع به چرا می کنید، تعداد چاه ها زیاد است، هر کدام به کنار یک چاه می روید و منتظر حمله حیوان می شوید وقتی به اندازه کافی نزدیک شما آمد، او را در همان مسیر چاه به دنبال خود بکشانید و سعی کنید درست حیوان در مسیر چاه به دنبال شما بیاید و در چاه بیفتد، هر کدام از شما که مآموریت خود را به نحو احسن انجام داد، برای گزارش کار خود به این سوی رودخانه بیاید و به ما

خبر بده، حال چه کسی از شما داوطلب این کار مهمه است. تقریباً تمامی گوزنها حتی بعضی از خرگوش ها برای اینکار داوطلب شدند ، گورکن ها هم داوطلب شدند، ولی گوزن جوان آنها را به خاطر کندی حرکت از این کار معاف کرد.

از میان این گوزنها و خرگوشها هم چابکترین آنها را برای اینکار انتخاب کرد.

فردا صبح زود زمانی که هنوز کورکودیلها در خواب بودند، کار را شروع کردند عملیات به خوبی و طبق نقشه پیش می رفت، حیوانات وحشی با دیدن طعمه های آرام در جلو چشم خود، در حالت غفلت و بی خبری و با ولع تمام به آنها حمله می بردند و بزودی تعداد بسیاری از آنها در چاه گرفتار شدند و راه بیرون آمدن نیز داشتند به ناچار شروع به نعره زدنهایی بی ثمر کردند و کسی نیز به داد آنها نمی رسید، گوزن ها و خرگوش های مأمور به این کار با خوشحالی و چابکی، خود را به ان سوی رودخانه می رساندند و خبر پیروزیهای پی در پی را برای دیگر گوزنها می آوردند، بعضی از آنها نیز قبل

از رفتن به آن سوی رودخانه، سعی می کردند، چندین حیوان درنده را به میان چاه ها گرفتار کنند و نشان افتخار بگیرند ولی در حقیقت هدف آنها نشان افتخار نبود بلکه در مرحله اول هدف، آنها انتقام از درندگان و فداکاری برای حیوانات دیگر بود. برخی نیز نمی توانستند نقشه خود را بدرستی عملی کنند و طعمه حیوانات درنده شدند که البته تعداد آنها بسیار کم بود و اکثراً موفق به این کار می شدند.

روز به انتهای خود رسیده بود و اکثر حیوانات درنده چون شیرها و کفتار و سگهای وحشی در میان چاه ها گرفتار شده بودند و صدای نعره آنها از ته چاه ها به گوش می رسید، جالب آن بود که وقتی تعدادی از آنها با هم به میان چاه می افتادند با همدیگر به نزاع می پرداختند و همدیگر را در میان چاه می دریدند.

وقتی روز به انتها رسید، تقریباً تعداد کمی از حیوانات وحشی بر روی زمین دشت باقی مانده بودند و اکثراً در چاه ها گرفتار شدند، چون تعداد چاه ها بسیار بود.

مأموریت گوزن های چابک هم تقریباً تمام شده بود و اکثرا با تمام شدن روز به آن سوی رودخانه برگشتند، وگوزن جوان و دیگر گوزن ها و خرگوش ها از آنها استقبال کردند و بر شجاعت و فداکاری آنان آفرین گفتند، شب شد و آنان بخاطر این پیروزی کم نظیر بر علیه درندگان جشن شادی و پایکوبی گرفتند و با سُم کوفتن به زمین و نعره کشیدن، شادی خود را نشان دادند دشت سراپا شور و شادی شده بود و دیگر حیوانات و پرندگان با آنها همراه شده بودند حیوانات تا صبح از شادی و پایکوبی خوابشان نمی برد همگی در نزدیکی های صبح به خواب عمیقی فرو رفتند.

روز بعد دوباره جلسه ایی متشکل از گوزن ها، خرگوشها و گورکن ها برگزار شد و گوزن پیر و رئیس گله این پیروزی بزرگ را به همه انها تبریک گفت و

از نقشه ها و تدابیر گوزن جوان نیز بسیار تشکر کرد و اینک گوزن جوان

آماده صحبت کردن است سکوت همه دشت را فرا گرفته است، همگی

حیوانات به احترام او سخن نمی گویند . گوزن جوان: و دوستان ما این

پیروزی بزرگ را مدیون همکاری و اتحاد و تلاش همه شماها هستیم، همگی

در این پیروزی بطور جدی سهیم هستیم و کسی در این مورد قهرمان نیست،

قهرمان واقعی همه شماها هستید، ولی باید بگویم که هنوز کار تمام نشده

است، تعدادی هر چند کم و انگشت شمار از درندگان هنوز زنده هستند و

خطری بالقوه برای ما محسوب می شوند، برای آنها هم نقشه هایی داریم که

به موقع شما را مطلع می کنیم و آن نقشه ها را نیز اجرا می کنیم ، ولی تقریباً

قسمت اعظم کار را شما تمام کرده اید و مرحله بعدی عملیات بیشتر به عهده

پرندگان، خصوصاً کلاغها، که از دوستان صمیمی جغد دانا و پیر هستن که

دوست و متحد حقیقی ماست، از این به بعد شما بیشتر نظاره گر عملیات و

پیروزیهایی دیگر باشید همه حیوانات با شنیدن این سخنان از سرشادی نعره ها

کشیدند و به پایکوبی پرداختند و جلسه به اتمام رسیده بود و همگی حیوانات پراکنده شدند و به مکان های خود رفتند.

روز بعد گوزن کوچولو دوباره به دیدار جغد دانا می رود و خبر پیروزیهای پی درپی را به گوش جغد می رساند، جغد نیز بسیار مسرور و سر حال می شود ، انگار دوباره جوان شده است، چون می بیند که چگونه حیوانات به حرف های او گوش می کنند و برای اولین بار از روی اندیشه و عقل عمل می کنند.

گوزن جوان خطاب به جغد پیر می گوید: خوب، عمو جغد دانا این مرحله از عملیات هم که تمام شده مرحله بعد چیست، چون تعداد کمی از حیوانات درنده هنوز باقی هستند.

- نگران نباش این مرحله از مرحله قبل آسانتر، است و خطر کمتری داره و اصلاً تلفاتی هم برای شما نداره

- چگونه

- آیا در آن سوی رودخانه لاشه نیم خورده حیووناتی وجود داره؟
- بله، همیشه تعدادی لاشه نیم خورده وجود داره تعدادی از آنها که توسط درندگان کشته می شوند و درندگان قسمتی از آنها را می خوردند و قسمت دیگر را برای روزهای بعد باقی می گزارند.

و تعدادی از آنها هم که حیوانات مریض و پیری هستند که خود به خودمی میرند و درندگان هم آنها را نیم خورده می کنند. الان هم که تعدادی از دوستان ما در این عملیات توسط درندگان کشته شده اند و هنوز جسد نیم خوردهٔ اونها در میان صحرا باقی است.

- بسیار خوب پس مشکلی نیست ولی باید زودتر جنبید و قبل از آنکه هوا کاملاً تاریک بشه ، دوستم رئیس کلاغها رو خبر کنم تا هر چه زودتر کیسه های سم را در تاریک روشن غروب به آن سوی رودخانه ببرند و بر روی لاشه های نیم خورده بریزند تا سم ها خوب با گوشت شکار آمیخته بشه و گوشت را کاملاً مسموم کنه، وقت اینکار هم

همین الانه تا چند روز نگذشته و لاشه ها فاسد نشده ، چون اگر فاسد

بشه حیوانات درنده اونا رو نمی خورند به علاوه الان نیز حیوانات

درنده گوشتشان را خورده اند و لاشه ها را رها کرده اند و فردا دوباره

برای خوردن به سراغ آنها می یان. جغد دوستش کلاغ را خبر کرد و

او را همراه با دیگر کلاغها به این مأموریت مهم و سری فرستاد،

کلاغهای باهوش هم مأموریت فردا را به بهترین نحو انجام دادند و

تقریباً تمام لاشه های نیم خورده صحرا را کاملاً مسموم کردند.

روز بعد صحنه های جالبی در میان دشت دیده می شد حیوانات درنده با ولع

تمام شروع به خوردن لاشه های نیم خورده می کردند و بلافاصله مسموم و

هلاک می شدند، بطوریکه در میان دشت و صحرا دیگر صدایی و اثری از

هیچ حیوانات درنده دیده نمی شدو دشت و صحرا کاملاً امن و امان شد، اگر

صدایی هم گه گاه می آمد صدای حیوانات درنده ای بود که در ته چاه ها

ناامید انه نعره می کشیدند و از تعدادی از آنها هم دیگر صدایی به گوش نمی

رسید وقتی گوزن و دیگر حیوانات علفخوار این صحنه ها را می دیدند، دوباره به جشن و پایکوبی مشغول شدند و از نابودی دشمنانشان شاد می شدند.

بعد از جشن و پایکوبی، گوزن جوان دوباره در مجمع حیوانات حضور یافت و ضمن تبریک پیروزیهای دیگر باز هم عنوان کرد که هنوز پیروزی نهایی فرا نرسیده است و کمی صبر و تحمل لازمه، به آنان گفت: که دوستان، بیشتر دشمنان ما از بین رفتن ولی نه همه، کورکودیلهای زشت و بد ترکیب و بدجنس هنوز در رودخونه در کمین ما و فرزندانمان هستند ولی برای پیروزی بر آنها نیاز به کمی صبر و ریاضت داریم که این دشمنان خونی را نیز نابود سازیم یکی از گوزنا پرسید چه صبری، چه ریاضتی توضیح بیشتری بده .

گوزن جوان: ما باید برای اینکار فاصله دوری از اینجا بر روی رودخونه سدی بزنیم تا آب مدتی به کورکودیلها نرسه، و خودمون مجبور هستیم مدتی برای این کار، این محل را ترک کنیم و به بالای رودخانه بریم. وسایل سفر و علوفه لازم را تهیه کنید که چند روزی را شاید هم یکی دو ماه در بالای

رودخانه که علوفه کمتری داره توقف کنیم، دیگری پرسید: مهم نیست اگر با

این کار کورکودیلهای بدجنس از بین می رن ما حاضر به تحمل این سختیها

هستیم ولی بگو بدونیم چه کسانی می تونن چنین سدی بر روی رودخانه

بزنند، ما که توانایی این کار رو نداریم .

گوزن جوان: فکر آن نباشید، ترتیب اونو دادیم سگها و سمورهای آبی

مأمور این کارن، همگی فردا برای حرکت آماده باشید، همه گوزن ها موافقت

خود را اعلام کردند و به جمع آوری علوفه لازم برای این کار پرداختند.

در غروب آن روز گوزن جوان دوباره به ملاقات جغد پیر رفت و او را از این

کار مطلع ساخت.

گوزن پیر: بسیار خوب من نیز دوستم کلاغ را با دو تن ازهمراهان خودم به

سوی سگ های آبی و سمورها می فرستم و آنها را از چنین مکانی از رودخانه

با خبر می کنم مطمئنم جواب آنها مثبت است.

صبح روز بعد سردسته کلاغها با دو کلاغ مشاور خود به سرزمین سمورهاو

سگ های آبی رفت، آنان از این کار استقبال کردند ولی ضمناً گفتند که

فاصله ما از آنجا زیاد است و چون ما دارای خانواده و بچه های کوچک

هستیم و بچه های ما نیز باید برای همیشه به آنجا همراه ما بیایند، چگونه می

توانیم همهٔ این بچه های کوچک را تا آنجا حمل کنیم، ممکن است از گرمای

بین راه تلف شوند وقتی این خبر را کلاغها برای جغد و گوزن جوان آوردند،

گوزن جوان تعدادی از گوزن های چابک و قوی را مأمور ساخت که خانواده

سگ های آبی و بچه های آنها را از آن فاصله دور به مکان مورد نظر انتقال

دهند.

و مشکل را حل کنند روز موعود فرا رسید و همه سمورها و سگهای آبی در

نقطه مشخص رودخانه مشغول به کار شدند در طی چند روز سدی محکم و

بزرگ بنا کردند و آب رودخانه به کلی متوقف شد بستر رودخانه خشک شد

و در پشت آن دریاچه ای عظیم بوجود آمد و مکان مناسبی برای زندگی سگ های آبی و سمورها به وجود آمد و صدای شادی آنها بلند شد.

کورکودیلها یکدفعه متوجه شدند آب رودخانه کم و کمتر شد تا بکلی متوقف و خشک شد تعدادی از آنها گفتند مهم نیست حتماً مانعی طبیعی پیش آمده بزودی دوباره آب جریان پیدا می کنه باید کمی تحمل کنیم ولی چند روز گذشت آفتاب گرم آفریقا کف رودخانه را کاملاً خشک کرد و تشنگی کورکودیلها را بی تاب کرده بود تعدادی که تنبل تر بودند بر جای خود به امید سرنوشت باقی ماندند و تعدادی دیگر نیز به امید وجود آب شروع به حرکت در امتداد رودخانه با حالت بی حالی و سستی کردند ولی حرکت آنها بسیار کند بود و چند روزی طول کشید، سرانجام نیز بر اثر خستگی و تشنگی همگی هلاک شدند و راه به جایی نبردند، بقیه هم که در جای خود باقی می ماندند کم کم از بین رفتند و پوست آنها در آفتاب آفریقا خشک شد فصل،

فصل بی آبی بود و خبری نیز از باران نبود، بنابراین تک و توکی کورکودیلها توانست جان سالم به در ببرد.

گوزن جوان که روزانه تعدادی را برای بررسی وضعیت و حال کورکودیلها به آن حوالی می فرستاد از این وضع خبردار شد و قضیه را به دیگر گوزن ها هم گفت و آنها جشن و شادی و پایکوبی به پا کردند و همگی آماده برگشت به جایگاه خود شدند در این میان گوزن جوان و رئیس رمهٔ گوزن ها به پیش رئیس سمورها و سگ های آبی رفت و از آنها خواست سوراخها و منافذی در درون سد ایجاد کنند تا آب سد لبریز نشود و از طرفی آب کافی به پایین رودخانه برای حیوانات دیگر هم برسد و آنها نیز با این پیشنهاد منطقی موافقت کردند منافذی در سد ایجاد کردند و آب کافی دوباره بستر رودخانه را نوازش داد و گوزن ها هم همه با آب بسوی سرزمین خود به راه افتادند.

وقتی به آنجا رسیدند با شادی و احساس امنیت به جشن و پایکوبی پرداختند و در دو طرف رودخانه به چرا مشغول شدند و دیدند که در میان چاه ها، خبری از حیوانات زنده نیست تنها تعدادی جسد حیوان مرده در آنجاست.

گوزن جوان به نزد جغد پیر رفت و از سرنوشت حیواناتی که در میان چاه زنده مانده بودند پرسید؟

جغد پیر گفت: تعدادی از انسانها که مأموران محیط زیست و حمایت از حیات وحش بودند وقتی به دشت و صحرا آمدند و چنین وضعی را دیدند، ترسیدند که نکنه نسل تمام حیوانات درنده منقرض و نابود بشه این بود که تعدادی کمی از آنها را که زنده باقی مانده بودند همراه با تعداد انگشت شماری از کورکودیلهایی که زنده مانده بودند به باغ وحشهای نقاط مختلف دنیا انتقال دادند تا در آنجا به زندگی خود ادامه دهند و دوران محکومیّت خود را در آنجا در میان قفس ها به پایان برسانند

گوزن جوان از این سخن آخر جغد خنده اش گرفت و از ته جان قاقاه خندید.

جغد پیر نیز نتوانست جلوی خنده ی خود را بگیرد وشروع به خندیدن کرد

چند روزی گذشت و دشت در آرامشی غریب فرو رفته بود و حیوانات به

زندگی عادی خود مشغول بودند یک روز گوزن جوان با مادرش مشغول چرا

بودند که از بالای رودخانه گوزنی میانسال را دیدند که از دور نزدیک می-

شود هر دو به آن گوزن نرمیانسال خیره شدند و نزدیکی وی را تماشا می-

کردند کمی که نزدیک تر آمد چشمان مادر گوزن جوان از شادی برقی زد و

لبخندی بر لبانش پیدا شد ، گوزن جوان گفت مادر چی شد اون کیه که

خوشحال شدی ؟

مادر گوزن: فرزندم اون، اون گوزن پدرته خدایا، باور نمی کنم که اون

زنده باشه گوزن جوان هم که احساساتی شده بود گفت چی کی مادر اون،

مگه نگفته بودی که پدرم توسط شیرها کشته شده، مگه ممکنه اون هنوز زنده

باشه؟

- فرزندم من هم باور نمی کنم ولی، ولی او پدرته و هر دوی آنها با سرعت به طرف گوزن نر میانسال حرکت کردند ، گوزن نر هم که جفتش را می شناخت با سرعت به طرف آنها حرکت کرد هر سه در نقطه ای به هم رسیدند ماده گوزن سر و صورت خود را به سر و صورت جفت خودش می مالاند و اشک می ریخت. گوزن نر نیز همین کار را می کرد و گه گاه به گوزن جوان هم نگاهی مهرآمیز می کرد، به جفتش گفت این جوان کیه و گوزن ماده با گریه گفت این فرزند توست، مگه نمی شناسی، گوزن نر گفت که من اصلاً او را ندیده ام چگونه بشناسم به من حق بده که او را نشناسم او در این موقع به طرف فرزند خود رفت و سر و صورت وی را نیز نوازش داد، خبر به گلهٔ دیگر گوزن رسید و آنها نیز برای ورود مجدد او به جشن و پایکوبی مشغول شدند.

شب که شد ماده گوزن و فرزندش با جفت خود شروع به سخن گفتن کردند و علت زنده ماندن او را جویا شدند.

گوزن نر گفت: اون گوزنی که توسط شیرها کشته شده بود من نبودم گوزنی تقریباً شبیه من بود و اون گوزنا خیال کردند که من کشته شدم، ولی من بعد از فرار از دست آن دو ماده شیر زخم و جراحت عمیقی برداشته بودم ولی هر طور که بود تونستم جان خود رو نجات بدم و خود رو میون آب رودخونه بندازم و وقتی که آن دو شیر از گرفتن من نا امید شدند از رودخونه بیرون اومدم و در امتداد رودخونه به راه افتادم یکی دو روز به حالت زخمی و لنگان در امتداد رودخونه حرکت کردم تا اینکه بر اثر گرسنگی و خونریزی به کلی از حال رفتم و در کنار رودخونه نزدیک کلبه ای بیهوش افتادم، مدتی به این حال بودم تا اینکه چشم باز کردم و پیرمردی مهربان را دیدم که با همسر پیر خود مشغول مراقبت از من در خونه هستند، چند روزی به این صورت سپری شد و من کم کم با مراقبت آنها سرحال شدم و بر روی پاهای خودم

ایستادم وقتی این خوبی ها را از اون زن و مرد پیر مشاهده کردم تصمیم گرفتم

که اونا رو ترک نکنم و در کارهای مزرعه به آنها کمک کنم، به آنها کمک

می کردم و زمین رو براشون شخم می زدم و کیسه های کاه و گندم را به

کمک آنها به خانه انتقال می دادم کمک های من باعث بهبود زندگی آنها

شده بود این بود که تصمیم گرفتم تا مدتی هم که شده اونا رو ترک نکنم. تا

دچار مشکلات زندگی نشند. به علاوه کم کم هم به آنها عادت پیدا کرده

بودم و اونها نیز منو دوست داشتند و نمی خواستن که من اونا رو ترک کنم

تا چند ماه پیش که پیرمرد از دنیا رفت وبه دنبال اون چند روز پیش نیز پیرزن

دار فانی را وداع گفت و من دیگر انگیزه ای برای موندن در اونجا نداشتم و

بلافاصله حرکت کردم و اومدم ولی یک سوال از شما دارم این دشت پر از

حیوانات درنده بود که دشمنان ما بودند اثری از اونا نمی بینم اونا چی شدند،

خبری از کورکودیلها هم نیست چه بلایی بر سر آنها اومده، اینجا خیلی امن

شده قضیه چیه ، مادر و فرزند با هم قاه قاه خندیدند و گفتند این رشته سر

دراز دارد صبر کن تا ما هم برایت تعریف کنیم...

تخت

صدای چکاچک شمشیرها و نعره ها و فریادهای جنگجویان تمام فضا را پر کرده بود . گرد و غباری انبوه از میدان جنگ بلند شده بود ، و فضای اطراف جنگل را آلوده کرده بود بطوریکه از دور قسمتهایی از دو لشکر دیده نمی شدند اما حیوانات جنگل از صدای جنگ فقط گهگاهی صدای شیهه ی اسبان و نعره و فریاد جنگجویان را می شنیدند،چون بیشترآنان از نزدیکی به صحنه ی چنین جنگ هولناکی می ترسیدند علاوه بر اینکه حیوانات از خود انسانها هم به نوعی وحشت داشتند چه برسد به صحنه ی جنگ آنها اکثر حیوانات به وسط جنگل فرار کرده بودند و در لانه ها و سوراخهای خود خزیده بودند تا آن صداهای وحشتناک را نشنوند جنگ به همین صورت دو سه روزی ادامه داشت و گه گاه در هنگام غروب آفتاب دو سپاه اندکی دست از جنگ می کشیدند و در تاریکی شب به استراحت می پرداختند . ضمن اینکه گاهی نیز در مدت بسیار کوتاهی در تاریکی شب گه گاهی از سواران هر دو طرف به اردوگاههای هم شبیخون می زدند و دوباره صدای نعره های

آنان و شیهه های اسبانشان از دور به گوش می رسید و خواب حیوانات بیچاره

را پریشان می کرد .

کم کم داشت حوصله حیوانات سر می رفت چون چند روزی بود که آرامش

و خواب نداشتند و جرأت بیرون آمدن از جنگل را هم نداشتند بالاخره در

روز چهارم صدایی از دو سپاه نیامد و این آرامش هم برای روزهای دیگر

ادامه پیدا کرد . بعضی حیوانات چون خرگوش ها و روباه ها با احتیاط از لانه

ها و سوراخهای خود بیرون خزیدند و تصمیم گرفتند به حوالی میدان جنگ

سرکی بکشند و از اوضاع باخبر شوند و برخی با احتیاط تمام و از پشت

گیاهان و درختان انبوه یکی یکی بیرون آمدند و به میدان جنگ نزدیک شدند

، ولی با کمال تعجب مشاهده کردند که دیگر خبری از دو سپاه نیست ، آنها

حتی کشتگان خود را به خاک سپرده، و رفته بودند تنها میدانی وسیع دیدند

که تکه هایی از وسایل جنگی آنان چون شمشیرها و نیزه ها و کمان های

شکسته و دیگر وسایل بدرد نخور در آنها باقی مانده بود. تمام آن میدان وسیع

را خاك نرم خون آلودی فرا گرفته بود ، هنوز آثار خونریزی های کشتگان و

زخمی های جنگ به صورت لکه های قرمز خون خشك شده بر روی خاك

های نرم میدان جنگ دیده می شد ولی خبری از اجساد دیده نمی شد. ناگاه

در گوشه ی از میدان جنگ شیء عجیبی توجّه خرگوشها و روباهها را به خود

جلب کرد شی شبیه سکویی تقریباً مکعبی بود اما نه مکعبی کامل . حیوانات

کمی به آن نزدیك شدند ، گرد و خاك نرمی تمام آن را پوشانده بود و رنگ

اصلی آن درست دیده نمی شد بعضی از خرگوشها از روی کنجکاوی با خود

گفتند این چیه ؟ و بلافاصله از دور خیزی برداشتند به روی آن با چابکی می

پریدند لبه های آن اندکی سفت و محکم و از جنس چوبی تزئینی بود که

کنده کاری های زیبایی نیز روی آن وجود داشت و وسط و روی آن که جای

نشستن بود کاملاً نرم و راحت بود و حیوانات از نشستن بر روی آن لذت می

بردند. روباه ها هم از دور متوجه آن شدند و به سوی آن آمدند، خرگوش ها

با دیدن روباه ها از روی آن فرار کردند و روباهها به جای آن بر روی تخت

نشسته آنها نیز همین پرسش را از هم می کردند این دیگه چیه حتماً مال آدماست ولی تا الان چنین چیزی ندیده بودیم.

یکی از روباها گفت این طوری نمی شه باید دیگر حیوانات جنگل رو هم از این شی مطلع کنیم شاید بعضی از آنها بدونند این چه چیزه و نام اون رو برای ما بگند روباه های دیگر نظر او را تأیید کردند و همگی به درون جنگل رفتند و حیوانات دیگر را از این شی عجیب باخبر کردند حیوانات دیگر هم از شیر و فیل تا پلنگ و روباه و دیگر حیوانات ریز و درشت با اشتیاق و کنجکاوی برای دیدن شی ناشناس به آن سمت حرکت کردند و همگی بزودی به آنجا رسیدند و دور آن شی ناشناس حلقه زدند همه از یکدیگر می پرسیدند شما می دونید این چیه و همگی با حالت تعجب و انکار سر تکان می دادند و جواب منفی می دادند شیر بالاخره از این همه پچ پچ و سوالات بیهوده از حوصله رفت و با نعره ای بلند گفت یعنی چه یعنی هیچ کدوم از شما نمی دونید این چیه واقعاً که!

حیوانات از نعره شیر از جای خود پریدند و کمی به عقب رفتند و هیچ کدوم جرأت پاسخ گفتن نداشتند.

ببر که حیوان بسیار گردن کلفتی بود و دست کمی هم از شیر نداشت و از شیر هم چندان نمی ترسید گفت: جناب شیر صدا تو چرا بلند می کنی، چرا توقع زیادی از حیوانات داری ، خب نمی دونن گناهی که نکردن اصلاً ، اصلاً خودت می تونی بگی این چیه شیر که خودش هم نمی دونست که چیه با شرمندگی سرخود را به زیر انداخت و با سرافکندگی گفت من، من هم نه نمی دونم از کجا باید بدونم چه چیزایی از من می خوای!

ببر گفت تو که خودت هیچی حالیت نیست پس بیخودی صداتون برا ما بلند نکن و شیر صلاح دید که سکوت کند و دیگر حرفی نزند. در این موقع کلاغ زاغی که از بالای درخت شاهد ماجرا بود گفت قارقار، قار من می دونم، من می دونم.

پلنگ از صدای گوشخراش کلاغ از حوصله رفت و گفت اِ ، اینقدر توگوشمون قارقار نکن ، بگو چه می دونی، آیا می دونی این چیه؟ کلاغ دوباره گفت قارقار ، قارقار خرس صدای اونو برید و گفت زهرمار باز هم که گفتی قار به جای قارقار بگو این چیه؟

کلاغ گفت: قارقار منظورم اینه که من می دونم کی می دونه این چیه؟

شیر گفت: د جون بکن دیگه ، بگو کی می دونه؟

کلاغ بنابر عادت دوباره گفت : قارقار ، هُد هُد دانا هد هد دانا.

شیر گفت : پس معطل چی هستین ، دِ زود بپر بگو بهش زود بیاد پیشمون ، بپر دیگه خوش صدا، خوشرنگ!

از این حرف شیر حیوانات شروع به خندیدن کردند آخه کلاغ زاعی نه خوش صدا بود نه خوشرنگ.

کلاغ پرنده ای زود رنج نبود اصلاً ناراحت نشد ، اون هم کمی خندید و بلافاصله پرواز کرد و به سمت لانه ی هد هد پرواز کرد.

وقتی که به لانه هد هد رسید وسط ظهر بود و هد هد داشت طبق عادت پرندگان روشنفکر و نابغه کمی ظهر ها استراحت کند ، کلاغ به لانه آمد و بلافاصله شروع به قارقار کرد.

قارقار، هد هد دانا، هد هد دانا، قارقار صدای کلاغ گوش خراشتر از هر زنگ خانه ای ، خواب خوش هد هد را آشفته ساخت و هد هد مانند آن بود که با پتک به سرش کوبیده اند و او را از خواب بیدار کرده اند.

چشم باز کرد و کلاغ خوشرنگ خوش نوا را چون برج زهر ماری بر سر خود حاضر دید ، خمیازه ای کشید و با حالت خواب آلودگی گفت ، هان ، چیه کلاغ عزیز، کاری داری چرا این وقت روز، نمی شد یه وقت دیگه می اُمدی؟

کلاغ کمی خجالت کشید و گفت باید ببخشید دوست عزیز تقصیر من نبود ،
جناب شیر و حیوانات دیگر منو اینجا دنبالت فرستادن.

- خبری شده ؟ اتفاقی پیش اومده؟

قارقار: بله بی خبر که اینجا نیودم راستش یه چیز عجیبی همون جایی
که آدما در حال جنگ بودن پیدا کردیم نمی دونیم چیه و اصلاً
اسمش چیه ؟ من به حیونای دیگه گفتم تنها تو می دونی چیه، چون
تو داناترین پرنده در بین ماهایی. حیوانات دیگه هم به دانایی تو نیستن،
حاضری باهام بیای و مشکل ما رو حل کنی؟

- با کمال میل وظیفه من آگاه کردن شما حیواناته ، پس اگر این کار رو
نکنم این دانایی من به چه درد می خوره؟

و هر دو با هم پرواز کردن و به آنجا رسیدن . وقتی به اونجا رسیدند انبوه
حیوانات را دیدند که انتظار آن دو را می کشند. هد هد به پیش آنها آمد و
کلاغ نیز همراه وی .

سلام: چه خبر شده .

شیر : مگه کلاغ زاغی مسئله رو بهتون نگفت؟

هد هد: چرا گفت ، خواستم مطمئن بشم .

بعد به شی عجیب نگاهی عمیق کرد و برای بازرسی و بازبینی کمی نزدیکتر رفت و بر روی آن نشست از باد بالهای هدهد کمی گرد و خاک نرم از روی شی به هوا بلند شد، هد هد با احتیاط و به آرامی بر روی آن نشست و کمی خاک ها را با پاهای خود از روی آن به کناری زد و به نقش های زیبای آن به دقت نگاهی کرد و به آرامی گفت : به به چه اثر هنری زیبایی، آدما چه کارایی که نمی کنن، واقعاً تو کارشون استادن.

بعد رو به حیوانات کرد و لبخندی معنی دار زد و با تعجب پرسید یعنی شما واقعاً نمی دونید این چیه؟

حیوانات همه یک صدا با هم گفتند نه از کجا بدونیم.

- بهتون می گم این شی که می بینید بهش می گن تخت پادشاهی یا تخت سلطنت.

حیوانات همگی با تعجب گفتند تخت پادشاهی!، تخت سلطنت اون دیگه چیه؟

- حق دارید، نمی دونید چیه ، چون این شی مخصوص آدماست و حیوونا از اون استفاده نمی کنند.

شیر با تعجب پرسید؟ براچی فقط آدما از اون استفاده می کنن.

- معلومه بخاطر اینکه فقط آدما شخصی به نام پادشاه دارند که بر اونا فرمانروایی می کند و حیوونا هنوز از این بساط ندارند.

ببر: خب هدهد دانا بهمون بگو اصلاً این قضیه پادشاهی بین آدما چیه ، ما که گیج شدیم ، میشه توضیح بیشتری برامون بدی.

- بله: خوب گوش کنید میگم آدما بخاطر اینکه در بین کشورشون و خودشون یه نظمی باشه و به قول معروف هر کی به هر کی نباشه و

همه مجبور بشن به مقررات جامعه و بینِ خودشون پایبند بمونن و قوی حقِ ضعیفو نخوره و دزدا و خلافکارا مردمو غارت و اذیت نکنند و راهها امن و امان بشه، نیاز به تشکیلات قدرتمند و عریض و طویل دارند که اسمش حکومته که همه ازش بترسن و جرأت خلافکاری، بی نظمی نداشته باشند و این حکومت هم باید فقط به دست یکی باشه اسم اون هم جناب پادشاهه قضیه را فهمیدید.

ببر هم با صدای بلند به همه حیوانات گفت شیر فهم شد.

همگی حیوانات با هم و با صدای بلند گفتند شد.

هدهد، لبخندی زد و باز ادامه داد، خب پادشاه هم برای پادشاهی بر مردم نیاز به امکاناتی دارد مثل قصر پادشاهی ، سرباز و نگهبان و وزیر و قاضی و همیشه در قصر پادشاهی برروی چیزی می نشینه و به همه دستور می ده که این چیزی که روش می شینه همینه که جلوتون می بینید و بهش میگن تخت پادشاهی فهمیدید؟

ببر دوباره گفت: شیر فهم شد؟ همه حیوانات دوباره با صدای بلند گفتند

شد .

هدهد، بعد از دادن این اطلاعات و قانع کردن حیوانات گفت خب ، من کمی

خسته ام اصلاً استراحت نکردم اگه کاری ندارین من با اجازه ی همه شما

مرخص می شم ، شیر گفت نه کاری دیگه نیست ، خیلی ممنونیم که

راهنماییمون کردی می تونی بری. بعد از رفتن هدهد ، بعضی از حیوانات مثل

شیر ، پلنگ و فیل و روباه و خرگوش به فکر فرو رفتن شیر به خود گفت :

عجب، این آدمی زاد دم بریده، چه کارا که نمی کنه خودمونیم از اون کلّه به

اون کوچکی خوب استفاده می کنه ها.

ما شیرا رو نیگاه کن با این همه ریش و پشم و این کله گنده و نتراشیده اصلاً

یه ضره تو زندگی، فکر نمی کنیم ،و یه خورده هم این کله رو یه بار درست و

حسابی به کار ننداختیم، ای ول بابا، ای ول.

فیل با خود گفت: ببین این جونورای دو پا چه کلکی هستن و ما نمی دونستیم، مارو ببین بااین کله ی نیم تنی که اصلاً نمی دونیم چند مثقال مغزم توش هست به اندازه بچه ی آدمی زاد هم عقل و شعور نداریم و فقط از این هیکل نتراشیده و نخراشیده کار می کشیم و کلّهٔ ما تنبل ترین عضو زندگیمونه.

و به همین صورت بسیاری از حیوونا اون روز به فکر رفتن و با خود گفتن چرا ما مثل آدمی زاد نباید باشیم در این موقع پلنگ سکوتو شکست و با صدای بلند گفت ، دوستان من مثل خیلی از شما الان خوب فکر کردم و به این نتیجه رسیدم که ما هم باید مثل آدما زندگی کنیم مگه ما از اونا چی کم داریم تازه اونا یه چیزایی هم از ما کم دارن، مثلاً ما دم داریم اونا ندارن ، انگار دمشون رو از اول تولد با قیچی بریدن، دم بریده ها (همه حیوانات خندیدند) تازه مثل ما بدنشون اونطور مو و پشم نداره و اگر لباسو از تنشون دربیاری همه مخلوقات خدا بهشون قاه قاه می خندن (دوباره حیوانات خندیدند) حتی

دندونای تعریفی هم مثل ما ندارن و برای پزدادن لبهارو بالا برد و دندونهای تیز شو، نشون دیگر حیوانات داد، بعضی از اونا ترسیدند و عقب تر رفتند.

شیر گفت: خوب جناب ببر، کُرکُری دیگه بسه، نمی خواد دندوناتو به رخ ما بکشی ما شیرا هم تعریفی نباشه دست کمی از شما نداریم ، همچنین یه خورده هم سریم و اون هم دندوناشو نشون همه داد.

خرس که از این پزدادن حوصله اش سر رفته بود گفت، بسه دیگه هیکلا ما اینجا نمایشگاه دندون که باز نکردیم، خب حالا می گید برا اینکه مثل آدما بشیم چه کار باید بکنیم ، راه چاره چیه؟

روباه که تا آن موقع سکوت کرده بود گفت : معلومه اولین کار اینه که ما هم مثل آدما ، یه پادشاه برای خودمون تعیین کنیم راه حل خیلی ، خیلی ساده است.

پلنگ گفت: خوب چه کسی برای پادشاهی خودمون انتخاب کنیم .

گورکن گفت: نظر من اینه که پادشاه باید هیبت و شکوه داشته باشه و سرو شکلش به پادشاهی بیاد به نظر من از هممون بیشتر شیره که هیبت پادشاهی بیشتری داره و پادشاهی بهش میاد. نظرتون چیه؟

روباه گفت: من هم موافقم اصلاً اون یال و وکوپال و فکلِ شیر به پادشاهی می یاد ، زورش هم که خیلی زیاده.

ببر گفت : با اینکه منم زورم زیاده و هیبت پادشاهیو دارم ولی اگر نظرتون بیشتر شیره من حرفی ندارم.

بقیه حیوونا هم کم و بیش موافقت خودشونو با پادشاهی شیر اعلام کردن ولی زرافّه با این نظر مخالف بود، چون از نظر او شیر حیوونی متکبر و بی اعتقاد به خدا بود و لیاقت پادشاهی و فرمانروایی بر حیونای دیگه رو نداشت، البته جرأت نمی کرد این نظرشو آشکارا بگه، فقط بصورت پچ پچ و آرام به بعضی از دوستان نزدیکش مثل گوزن این حرفا رو می گفت ، ولی در این نظر خواهی ترجیح داد سکوت کنه و حرفی نزنه که شیر کینه ی او را به دل نگیره

شیر پس از آنکه همه را موافق پادشاهی خود دید، بادی در گلو افکنده و با غرور گفت پس همه موافقند.

ببر گفت: خب بهتره که تخت پادشاهی شیر و بیارید و تمیز کنید و با گیاهان خوشبو آن را عطر آگین کنید، تا فردا مراسم جلوس به تخت پادشاهی انجام بگیره ، تعدادی از سگ های آبی و سمورا مأمور شستن تخت پادشاهی شدند و تعدادی از خرگوش ها هم علف و گلهای خوشبو برای عطر آگین کردن تخت آوردند . فردای آن روز مراسم باشکوهی برگزار شد و گرگ ها آواز کُر به صورت دسته جمعی سر دادند و فلامینگوها ، بصورت جفت جفت رقصی زیبا به نمایش گذاشتند. میمونها نمایشی کمدی اجرا کردند. خرسها برای شیرین کامی حاضران عسل آوردند و بلبلان ترانه های شاد اجرا کرند و شیر با هپ هپه و کبکبه ی فراوان بر تخت پادشاهی جلوس کرد در حالیکه تاجی از گل نیز بر روی سر وی گذاشته بودند، چند سالی گذشت و شیر به پادشاهی خود ادامه داد ، کارها در جنگل روال عادی خود را پیدا کرد و امور

اندکی نظم به خود گرفت و در راه ها امنیت ایجاد شد و حیوانات نسبتاً راضی

بودند ، اوایل کار اخلاق شیر بد نبود و گاهگاهی با حیوانات دیگر هم در

کارها مشورت می کرد و فرامین ظالمانه ای صادر نمی کرد و چند سالی که

به این صورت سپری شد کم کم اخلاق شیر دگرگون شد دیگر مثل قبل با

حیوانات مشورت نمی کرد فقط خود مستبدانه تصمیم می گرفت ، دستور داد

که لانه بزرگی در بهترین جای جنگل برای وی درست کنند از هر ماده شیر

زیبایی خوشش می آمد، بدون رضایت جفت او ماده شیر را به همسری خود

مجبور می کرد همه را مجبور می کرد که در موقع رو به روشدن با او تعظیم

کنند، کار به اندازه ای خراب شد که حتی به وضع وکارهای خصوصی

حیوانات هم دخالت می کرد ، همه را مجبور می کرد که مانند او اگر یال و

مو در سر و صورت دارند ، باید آن یال را مانند او بلند بگذارند چون رنگ

بدن او زرد بود ، دستور داده بود که همه حیوانات لانه خود را به شکل زرد

در آورند . دستور داده بود در هر محلی یک نقاشی از شکل او بکشند و

نصب کنند و یا در جاهای مختلفی مجسمه او را قرار دهند، حیوانات دیگر از

این خود خواهی ها و قوانین ظالمانه جان به لب شده بودند و همگی تصمیم به

شورش بر علیه شیر گرفتند، در مجمعی سری جمع شدند و از ببر خواستند تا

به آنها کمک کند شیر را از تخت سلطنت به پایین بکشند ببر هم قبول کرد و

گفت به شرطی که در این کار شما هم مرا کمک کنید و حیوانات همگی

اعلام موافقت کردند نقشه در روز مشخصی تعیین شد ، شیر در آن روز بارِ

عام داد و همگی در آن روز در پیشگاه شیر حاضر شدند ، شیر طبق معمول

شروع به سخنرانی مستبدانه و کرکری خواندن کرد.

آهای ،اَهالی جنگل با شماییم، از این به بعد هر چه ما می گوئیم باید مو به مو

اجرا شود.

هر وقت می خواهید سخن بگوئید با نام ما سخن خود را شروع کنید، و بر ما

در پایان صحبت درود بفرستید. هر کدام از شما خوراکی خوشمزه ای تهیه

کرد موظف است بیشتر آن را اول برای ما بیاورد و گرنه جاسوسان ما به ما خبر می دهند و ما او را تنبیه می کنیم.

همگی باید در لانهٔ خود تمثال مبارک مارا نصب کنید برای ما باید دو لانه مجلل دیگر در بهترین جاهای جنگل بسازید، بدون اجازه ما حق نفس کشیدن هم ندارید.

در این موقع ببر با صدای بلند گفت: آهای شیر متکبر یواش کمی آهسته تر، تند نرو، پیاده شو با هم بریم، تو مثل اینکه از روزی که پادشاه شدی، پاک خودت را گم کردی،کی بودی، مگه ما نبودیم که تو رو پادشاه خودمون کردیم. هان چی شد مثل اینکه باد کردی تو رو هوا برداشته، کارو به جایی رسوندی که نباید ما بدون اجازت نفس بکشیم ، مگه تو کی هستی یکی مثل ما تازه خیلی از ما هم عقلت کمتره، علامتش هم همین چرت و پرت هائیه که داری ردیف می کنی.

شیر، با عصانیت گفت: خفه شو، ناسپاس، دستور می دهیم و در این لحظه

میمونی که بر روی درخت بود و مأمور اجرای قسمت اول عملیات بود،

نارگیلی به طرف شیر پرتاب کرد و نارگیل به تاج اون خورد و تاجو از سرش

پایین انداخت . همه حیوونا از این صحنه قاه قاه خندیدند و شیر بی نهایت

عصبانی شد. در این لحظه چند کلاغ چند تخم فاسد شده پرنده آوردند و بر

سر و صورت شیر انداختند، تخمهای گندیده ، شکستند و تمام سر و صورت

شیر را به لجن کشیدند، حیوانات دوباره خندیدند و شورش کردند و به طرف

شیر و مأموران او حمله کردند ، ببر خود را به کنار شیر رساند و با چنگال خود

ضربه ای به پشت سر شیر زد و او را با حالت مسخره ای از تخت سلطنت به

زمین انداخت، فیل هم نزدیک تر آمد و با خرطوم خود ضربه ای محکم به سر

شیر زد و گفت خاک بر سرت.

گوزن جلوتو رفت و با جفتک ضربه ای محکم به باسن شیر زد جوری که

شیر در سه متری به آن سو پرت شد، حیوانات در یک چشم به هم زدن شیر و

مأموران او را دستگیر کردن و به زندان انداختند و تخت سلطنت را از لوث وجود او پاک کردند.

مدّتی گذشت و حیوانات دوباره در مجمع عمومی شرکت کردند و خواستند پادشاهی جدید برای خود انتخاب کنند ، جلسه شور و مشورت شروع شد هر حیوان نظری می داد.

زرافه که مخالفان جدی شیر از همان اول بود ، با دلی پر از دشمنی شروع به صحبت کردن کرد .

دوستان من از اول هم با پادشاهی این حیوون از خود راضی و مغرور و بی خدا موافق نبودم ، اصلاً تکبر و نخوت ازسر و روی این حیوون مغرور و مستبد معلوم بـود شما از اول نباید گول اونو می خوردید، مگه خدا بهتون عقل و شعور نداده بود، معلومه کسی که اعتقاد به خدا نداره نباید پادشاه ما بشه امیدوارم دیگه گول این طور حیوونا رو نخورین این نظر منه.

خرگوش گفت: جناب زرافه راست می گه آخه حیوون بی خدا هم مگه می شه پادشاه باشه از حیونای بی اعتقاد به خدا همه چی بـرمی آیـد دیـدیـد که چه بلاهایی به سرمون آورد و چه نقشه های پلید دیگه ای در سر داشت، باور کنید اگر بهش بیشتر اجازه می دادیم به ما حق زندگی و نفس کشیدن هم نمی داد، دیگه نباید از این اشتباهات بکنیم و حیوون بی خدایی را پادشاه قرار بدیم، این هم نظر من.

گربه وحشی هم گفت با اینکه شیر از فامیلهای دور ما بود، ولی اصلاً از این رفتارها و ادا واطوار او خوشم نیومد، یعنی قحطِ حیوون بود که ما باید همچین حیوونی رو پادشاه می کردیم. من که نمی دونم اون دفعه چطور گول خوردم و به این حیوون رأی دادم.

گوزن گفت در هر صورت گذشته ها ، گذشته و ما باید از گذشته درس بگیریم و حوادث گذشته را چراغ راه آینده قرار بدیم، به نظر من بهترین حیوون برای ما پادشاهی بر ما حیوونی با خدا ست وهممون می دو نیم که با

خداتر و با اعتقادتر از جناب زرآفه در بین ما نیست اون بخاطر خدا حتّی صداش بلند نمی شه، اون بهترین انتخاب ما می تونه برای پادشاهی باشه ، نظر شما چیه؟

خرس خرخری کرد و گفت: نظرت کاملاً درسته من که موافقم ، گورخر گفت : من هم نظرم همینه، فقط زرافه!

پلنگ و ببر و دیگر حیوونای کوچک و بزرگ هم موافق بودند فقط تو اون میون فیل موافق نبود چون که فیل چندان میانه ای با اعتقادات مذهبی نداشت و اعتقادات دینی رو باعث رخوت و رکود و عقبگرد و ارتجاع جامعه حیوانات می دونست، روحیهٔ انقلابی و حق طلبی حیوانات را از اونا می گرفت و بیشتر تسلیم خواست سرنوشت و خدا می کرد این بود که فیل با پادشاهی زرافه مخالف بود ولی صلاح می دید در این لحظه سکوت کند و حرفی نزند چون همه موافق پادشاهی زرافه بودند.

روز بعد در مراسمی باشکوه جناب زرافه با دست و پایی دراز و لب و لوچه ی آویزان بر تخت پادشاهی تکیه زد، در مراسم جلوس جناب زرافه شرایطی رعایت شد که زرافه آنها را عنوان کرده بود، از جمله این شرایط آن بود که کسی رقص و شادمانی نکند، آواز نخواند، و مراسم خیلی آرام و با متانت برگزار شد.

بعد از آنکه زرافه به تخت جلوس کرد دعای مفصّلی برای حاضران خواند و همگی آمین گفته و بعد بر روی تخت شروع به مواعظ اخلاقی و دینی کرد، چند گاهی اخلاق زرافه با حیوانات بد نبود مدتی گذشت و کم کم حال زرافه نیز دگرگون شده، اولاً همه مناصب و شغلهای کلیدی جنگل را به زرافه ها که از طبقه روحانی جنگل بودند داد، جاهای خوش آب و علف جنگل را بین زرافه های روحانی تقسیم کرد ، و دیگر حیوانات حق ورود به آنجا را نداشتند. حیوانات حق استفاده از بعضی درختان پر میوه و خوب جنگل را نداشتند . چشمه هایی که دارای آب گوارا بودند به زرافه ها

اختصاص پیدا کرد و از همه بدتر آن بود که شعاعر دینی و مذهبی را که قبلاً

جنبه اختیاری داشته چون مراسم دعا و سفرهای زیارتی و حتی پوشش

حیوانات ماده را اجباری اعلام کرد و هر حیوان ماده ای از پوشش های بدنی،

چون زرافه ها استفاده نمی کرد مورد اذیت و آزار و بازخواست قرار می

گرفت، همگی باید در مراسم دعا در هرروز اجباراً شرکت می کردند و هر

کس شرکت نمی کرد، حق استفاده از خوراکی ها و علوفه های جنگل را

نداشت ، آواز خواندن بلبلها و قناری ها را ممنوع اعلام می کرد و گفت آواز

مطابق شعائر مذهبی نیست ، روزی یکی از شغالها را که صدای خود را بلند

کرده بود، و با صدای بلند بــرای معشوقه اش ترانه ای عشقی می خواند را

گرفتند و در پیش چشم همه با ترکه ای چوب هفتاد ضربه زدند چون کارش

غیر شرعی بود .

حیوانات از این وضع به فریــاد و فغان آمده بودند آخر مگر شعائر دیـنی هم

در جنگل اجباری می شه. حیوانات با خود می گفتند کارهای این زرافه ی

خشک مقدس لب و لوچه دراز، روی آن شیر را سفید کرده است ، لااقل در زمان شیر ما حق آواز خواندن برای معشوقه هامان را داشتیم، این دیگه چه وضعه؟

حیـوانات در مجـامع خصوصی خود زرافه را مسخره می کردنـد و بـرای او جُک درست می کردند و قاه قاه می خندیدند و به این صورت دل خود را خالی می کردند مثلاً میمون ،

می گفت: به زرافه ای گفتند از کجا می آیی، گفت از حمام، گفتند معلوم است از زانوهای کثیفت پیداست از کجا می آیی و حیوانات قاه قاه می خندیدند.

کلاغ می گفت: به زرافه گفتند که خداوند زیباترین لب و لوچه را برای کی آفرید ؟ گفت : وقتی مرا می بینید چرا سوال می پرسین و حیوانات قاه قاه دوباره می خندیدند.

ولی بعد از این جُک درست کردن ها برای زرافه، حیوانات شروع به تصمیمات جدی تری برای آن حیوان باخدا گرفتند و در مجامع خصوصی تصمیم گرفتند او را سرنگون کنند، این بود که در روزی معین بر علیه او نیز قیام کردند و وی را نیز به سرنوشت شیر گرفتار کردند.

مدتی گذشت و حیوانات دیگر جرأت تعیین پادشاهی را نداشتند چون ترسیدند دوباره پادشاهی فاسد را انتخاب کنند و به بلاهای گذشته دچار شوند ولی کم کم هرج و مرج و بی نظمی داشت جنگل را فرا می گرفت این بود که تصمیم گرفتند دوباره مجمع عمومی تشکیل دهند و حیوانی را به عنوان پادشاه انتخاب کنند ، اینک مجمع تشکیل شده است و همگی حضور دارند . فیل که از پادشاهی زرافه دلی پر خون داشت اول شروع به صحبت کردن کرد:

دوستان: تودۀ رنج دیده و زحمت کش جنگل، من از اول هم با این زرافّه و تقّدس بازیهاش مخالف بودم این گونه اعتقادات برای حیوانات جنگل مانند

افیونه و آن ها را ساده و ظلم پذیر بار می یاره ما باید انقلابی عمل کنیم و گول این حیوانات دغل باز را نخوریم ، زندگی دنیای این حیوانات جنگل را که نمی توان با خرافات دینی اداره کرد این مهملات چه بود که زرافه بهمون می گفت، اصلاً خدایی نیست، خدا، خود شما و تلاش شما است. دیگه گول این اعتقادات پوچ و باطل وبانیان آنها را نخورید، این نظر مه شما بفرمائید.

ببر گفت: من که با عملکرد این زرافه ی دغلباز ، دیگر بکلی به خدا بی اعتقاد شدم ، اگر این نماینده خدا بود که این بلاها را بر سر ما نمی آورد پس خودِ خدا دیگه چه جونوریه ؟

من که دیگه به کلی با پادشاه دینی مخالف هستم پس از مدتها بالاخره تونستیم نفسی بکشیم و جرأت کنیم صدامونه یه خورده بلند کنیم و یه آوازی بخونیم ، این هم نظر من.

روباه گفت: من هم درست به همین نتیجه رسیدم دیگه از اینکه هر روز در جلو زرافّه دعای اجباری بخونم خسته شدم ، حتی خدا را هم دیگه خسته کرده بودیم .

گرگ گفت: پس با این نظرات که همه کم و بیش با اون موافقن ما باید حیوونی رو انتخاب کنیم که اصلاً دینی و مذهبی نباشه ، به نظر من بهترین گزینه در این مورد جناب فیله ، اون از اول هم با این بازیهای زرافه موافق نبود بارها بصورت خصوصی اینو به من گفته بود .

هر کی موافق پادشاهی جناب فیله دستشو بلند کنه. در این موقع اکثر حیوانات دستشونو بلند کردند، فقط موش مخالف پادشاهی فیل بود چون فیل رو حیوونی بی مبالات می دونست که حتی در راه رفتن هم سعی نمی کنه، کمی دقت بکنه و حیوونای ضعیف ترو زیر پا له نکنه ، بارها شده که تعدادی از همجنس های اون زیر پای فیل که بی مبالات و بی خیال راه می رفت و اهمیتی به حیوانات کوچک زیر پای خود نمی داد له می شدند و کسی

هم فریـاد اونا رو نمی شنید، ولی مسلماً در آن جو غالب جرأت مخالفت با نظر سایر حیوانات را نداشت و ساکت شد . فردای آن روز در سرایی باشکوه فیل رسماً پادشاه حیوانات شد بعضی از حیوانات با اشاره به هیکل بزرگ اون می گویند ، هیکلش هم به پادشاهی می یاد، این طور نیست و بقیه نیز با تکان دادن سر سخن همدیگر را تأیید می کردند.

مدتی سپری شد و فیل به پادشاهی خود ادامه می داد وضع بد نبود از شعاعر دینی خبری نبود تا اینکه، حال فیل نیز دگرگون شد.

بـعد از مـدتی به بهانه اینکه فیل ها از قشر باربر و زحمت کش جنگل هستن و کارعملی زیادی می کنند آنان را به عنوان قشر برگزیده حیوانات که باید حاکمیت جامعه را در دست داشته باشند به حیوانات معرفی کرد و همه پست های کلیدی جنگل را به آنها داد، به ظاهر همه حیوانات جنگل برابر بودند ولی فیل ها البته موقعیت ممتازتری داشتند، چون جزء قشر باربر و زحمتکش حیوانات بودند.

کم کم تبعیض و بی عدالتی خود را نشان می داد ، دوباره جاهای خوش جنگل به فیلها اختصاص پیدا کرد، معبدها خراب شد و اعتقادات دینی ممنوع شد ، تعدادی از حیوانات بر علیه این تبعیض و ظلمها به مخالفت برخاستند ولی فیل پادشاه دستور داد آنها را سرکوب کنند و این حیوانات بیچاره زیر پاهای فیلهای حکومتی لگدمال شدند.

دوباره حیوانات مجامع مخفی برای سرنگون کردن فیل تشکیل دادند و شروع به جُک درست کردن برای جناب فیل کردند. بالاخره نیز نقشه هایی برای از بین بردن فیلها کشیدند و در مسیر حرکت فیل پادشاه چاه هایی کندند و روی آن را با علف پوشاندند و آنها را در چاه انداختند و به این صورت پادشاهی فیل هم به پایان رسید .

حیوانات بیچاره دیگر جرأت تعیین پادشاه را نداشتند ، چون هر پادشاهی تعیین می کردند زود فاسد می شد و ظلم و بی عدالتی را شروع می کند ولی

البته راهی نیز جز این نداشتند ، چون هرج و مرج و بی نظمی تمام جنگل را فرا می گرفت.

دوباره مجبور به تشکیل جلسه برای تعیین پادشاه شدند ، اینک شروع جلسه:

موش که تا آن موقع در جلسات دیگر ساکت مانده بود ایندفعه بر روی بلندی رفت تا حیوانات دیگر او را ببینند و شروع به سخنرانی کرد:

دوستان، من از ابتدا هم با پادشاهی این فیل گردن کلفت و گنده بک و زبون نفهم مخالف بودم، آخه شما چه حیوونی هستید که برای پادشاهی به هیکل این همه اهمیت می دید مگه نشنیدید که نه هر که به قامت برتر به قیمت بیشتر مگه به هیکله، حیوون باید برای پادشاهی فهم وشعور داشته باشه، رحم و انصاف داشته باشه به شکم گنده که نیست این فیل فقط کله اش بـزرگ بـود اگه می شد مغز اونورو وزن کنیم، من مطمئنم که به اندازه یک نخود هم وزن مغزش نمی شد، پس باید از این به بعد چشمامونو باز کنیم و به عقل و خرد بیشتر اهمیت بدیم نه به هیکل.

خرگوش هم گفت: نظر من هم همینه این چه ملاکیه که پادشاه باید هیکلی باشه فیل هم هیکل داشت ولی هیچ خاصیتی نداشت نظر موش کاملاً درسته.

آهو گفت: به نظر من از این به بعد به عکس قبل حیوونی رو پادشاه کنیم که هیکلی نباشه، چون همین هیکل درشت باعث غرور و تکبر و در نتیجه زیاده روی می شه مگه نه.

خوارپشت گفت: کاملاً موافقم ، برای همین به نظر من بهترین گزینه برای اینکار موشه ، چون هم ریز و کوچیکه و هم متواضعه و هم باهوش و زیرک، نظر شما چیه؟

هر کسی موافقه دستشو بالا ببره همه حیوانات به نشانه رضایت دستشون بالا بردن و تقریباً مخالفی وجود نداشت.

سپس موش را برای پادشاهی انتخاب کردند فردای آن روز تخت را آوردند و موش به تخت سلطنت جلوس کرد تخت برای موش خیلی خیلی بزرگ بود

و موش تقریباً در اون گم شده بود و از دیدن این صحنه بسیاری از حیوانات خندشون گرفت ولی به احترام پادشاه جلو خنده خود را گرفتند و سکوت کردند.

موش نیز مدتی به پادشاهی خود ادامه داد بعد از مدتی نسبتاً طولانی آثار تغییر حال در وجنات موش نیز پیدا شد و او نیز ظلم و بی عدالتی را شروع کرد اولاً حیوانات را مجبور ساخت تا خوراکی های مورد علاقه او را از جمله فندق و پنیر و گندم را از انبارهای غذایی آدما سرقت کنند و برای موش بیاورند که کاری بسیار خطرناک بود و بسیاری از حیوانات بیچاره در این راه کشته شدند . بعد هم جاهای خاصی از جنگل را بنام خود و موشهای دیگر کرد ، حیوانات حق مالکیت آنجا را نداشتند یک سیستم امنیتی و جاسوسی در جنگل بوجود آورد تا به استراق سمع مخالفان بپردازد و هر کدام از حیوانات علم مخالفت با او را بر می داشت او را با گذاشتن سم در غذایش مسموم می ساختند به این صورت مرگ های مشکوک زیادی در جنگل رخ می داد که کسی علت آن

را هم نمی دانست ولی کم کم حیوانات مسبب اصلی آن را پیدا کردند بله موش پادشاه این دستورات را صادر می کرد.

به قدری سیستم امنیتی و جاسوسی موش، حیوانات جنگل را هراسان کرده بود که ضرب المثلی بین آنها رواج پیدا کرده بود ، دیوار موش داره موش هم گوش داره. ولی بالاخره حیوانات جنگل بیش از این تحمل چنین ظلمی را نداشتند و در جمعی مخفی تصمیم گرفتند موش را ترور کنند. مسئولیت این کار بر عهده گربه وحشی قرار گرفت ، در یک روز معین گربه وحشی نیز مأموریت خود را به نحو احسن انجام داد و موش پادشاه را کشت و حیوانات از دست استبداد موش برای مدتی خلاص شدند.

دیگر از آن پس حیوانات اصلاً به خود جرأت نمی دادند برای خود پادشاه تعیین کنند و از بازگشت استبداد هراسان بودند ولی برای حل مشکل حاکمیت جنگل که ناگزیر از آن بودند مجمعی تشکیل دادند، ببر لب به سخن می گشاید و می گوید:

دوستان ما دیگر نباید هرگز اشتباهات گذشته را تکرار کنیم وبی گدار به آب بزنیم ، چهار بار اشتباه برای ما کافیه ، ولی خود می دونید که ما به ناچار نیاز به نوعی حاکمیت داریم که نظم و انظباط رو در جنگل بوجود بیاره ، تا جنگل دچار هرج و مرج نشه، چون در این صورت همه زیان می کنیم، نظر شما چیه؟

روباه گفت: من هم موافقم ، ولی چطور این کار او باید انجام بدیم آیا باز هم پادشاه تعیین کنیم این که اشتباهه.

طاووس گفت: بهتره ، در این مورد هم با هدهد دانا مشورت کنیم ، راستی چند سالی است به سراغ او نمی ریم و اون هم که پرنده ای گوشه گیره و به مجمع ما نمیاد بهتره دوباره کلاغ رو برا مشورت با اون و حل مشکلمون بفرستیم پیشش همه، موافقت می کنند و کلاغ را فرستادند.

کلاغ به سراغ هدهد رفت و در زد دارکوب در را باز کرد و گفت کی هستی چه کار داری؟

کلاغ گفت مگه هدهد اینجا نیست، دارکوب گفت نه. مدتیه اینجارو ترک کرده و به اون سوی جنگل رفته است. لانه ی اون روی درختی کهنسال در آن سوی جنگله ، کلاغ گفت می تونی اون رو به من نشان بدی، دارکوب گفت با کمال میل و هر دو پرواز کردند و به آن سوی جنگل رسیدند. دارکوب خانه ی، هدهد دانا را به کلاغ نشان داد و خود برگشت کلاغ با صدای قارقار هدهد را صدا کرد، هدهد در حال مطالعه بود، بیرون آمد و کلاغ را دید ، گفت : موضوع چیه کلاغ وقتی هدهد را دید اندکی تعجب کرد چون چند سال او را ندیده و کمی پیرتر شده بود. گفت: باز هم مشکلی پیش اومده حیوانات جنگل می خوان در مورد مسئله ای با تو مشورت کنند، نظرت چیه؟ هدهد گفت با کمال میل حاضرم به آنها مشاوره بدم و هر دو پرواز کردند و به محل حیوانات رسیدند وقتی به آنجا رسیدند ببرگفت جناب هدهد دانا خوش آمدی، تنها تو قادری ما رو در این مشکل راهنمایی کنی.

هدهد گفت : من در خدمتگذاری آماده ام ، مسئله چیست ؟ سراپا گوشم.

ببر گفت: ما چند سالی است این تخت پادشاهی رو پیدا کردیم و از همون

سال تصمیم گرفتیم مثل انسانها برای خود پادشاهی تعیین کنیم و همین کار رو

هم چهار بار امتحان کردیم ولی هر بار که شاه جدیدی انتخاب می کنیم و

قدرت را به صورت کامل به او می دیم و به او اعتماد می کنیم فاسد می شه و

از قدرت مطلقه سوء استفاده می کنه و به ظلم و بی عدالتی در میان ما دست

می زنه و ما مجبور می شیم اون رواز تخت سلطنت به زیر بکشیم الان به این

مشکل برخورد کردیم که دیگه نمی شه پادشاهی برای خود تعیین کنیم از

طرف دیگر، جنگل هم بدون حکومت نمی شه چون بی نظمی و هرج و مرج

و ناامنی به وجود می یاد به نظر تو که داناترین ما هستی راه حل چیه و مشکل

کار ما کجاست.

هدهد دانا گفت بسیار خوب براتون میگم،

اولاً در مرحله اول مشکل شما این تخته که باید نابود بشه در حقیقت این حیوانات و پادشاهان نیستند که مفسد هستند بلکه در مرحله اول این تخت و مقام اونهاست که فسادآوره، چون مقام فسادآور، حیوانا تو فاسدمی کنه.

دومین اشتباه شما اونه که حیوانایی روکه پادشاه می شدند برای مدت نامحدود و طولانی

در این مقام باقی می ذاشتید و همین مدت نامحدود و طولانی خود فسادآوره، مقام نامحدود و طولانی برای یک حیوون بر روی مسندی و مقامی مثل آ بیه که در یک جاوبرکه ای برای

مدت طولانی باقی بمونه و همین مدت طولانی ماندن آب در جائی باعث گندیدگی و فساد اون می شه و مرداب را بوجود می یاره.

پس یک حیوان باید به مدت محدود و نسبتاً کوتاهی بر مسند حکومت بمونه تا اقامت طولانی برمسند قدرت او را فاسد نکنه.

سومین اشتباه شما اینه که به حاکم خود قدرت نامحدود و مطلقه واگذاری

کردید و قدرت نامحدود و فسادآوره، است. چون قدرت نامحدود و مطلقه

باعث می شه که حیوان حاکم احساس بی نیازی از دیگران کند، و احساس بی

نیازی در قدرت بازهم فسادآوره، . پس حاکم نباید دارای قدرت نامحدود

باشه و مرتباً قانونی باشه که به حیوانات این اجازه را بده تا اعمال و کارهای

حاکم را مورد بازخواست و نقد قرار بدن و اگر در کاری به انحراف افتاد و

اشتباه کرد او را تذکربدن و او نیز اشتباهات خود را بپذیره و در کارها با

مشاوران خود مشورت کنه و مستبد نباشه. چهارمین اشتباه شما اینه که بر

سرنوشت شما قوانین حاکم نیست بلکه حیوان- و پادشاه حاکمه و وقتی به

جای قانون، شاه حاکم بر سرنوشت شما باشه، شاه هم هر ظلم و بی عدالتی که

می خواد به شما می کنه، چون شما حاکمیت قانون را قبول نکردید و

حاکمیت شاه را قبول کردید و شاه نیز جایزالخطاست و ممکن است به هوی و

هوس خود عمل کنه، وبه فکر عدالت نباشه. پس شما برای ایجاد عدالت و

112

عدم تبعیض در جنگل اول باید قوانینی بنویسید و حاکم موظف باشه مانند سایر حیوانات به قوانین عمل کنه نه به خواسته ها و منافع شخصی و حیوانی خود. طبق همین قوانین شما باید اجازه داشته باشید که هر گاه حاکم لایق نباشد و وظایف خود را بدرستی انجام نده از قدرت اورو بلا فاصله بصورت مسالمت آمیز پائین بکشید.

اینها عمده اشتباهات شما بود.

پلنگ گفت: حالا برای شروع چه کار باید انجام بدیم تو به ما بگو.

هدهد: برای شروع اول قانون کلّی جنگل نوشته شود که تمام اهداف و آرمان های حیوانات، چون آزادی و عدالت، عدم تبعیض، آزادی نعره، استقلال در این قانون کاملاً رعایت شود. و در مرحله دوم باید انتخابات آزاد در جنگل برپا شود و تعدادی کاندید برای حاکمیت انتخاب شود.

شغال گفت: چه کسانی می تونند برا این کار کاندید شن.

هدهد گفت: همه هیچ محدودیتی نیست، همه حق دارند کاندید شن.

شغال گفت: این طور که امکان نداره چون تعداد بی شماری داوطلب می شن و مسلماً تعداد بسیاری از آنها کاردانی و سواد و لیاقت چنین کار مهمی را ندارند با این همه تعداد زیاد داوطلب ها چه کنیم.

هدهد خندید و گفت آن هم راه داره، خب توجه کنید مسلماً باید حیوانات بسیار نخبه و بسیار دانا و کاردان برای این کار داوطلب بشن حیوانات احمق برای چنین کار مهمی لیاقت لازم را ندارن برای همین بهتره ابتدای هر انتخاباتی، آزمونی هوشی در بین داوطلب ها برگزار شه، و در این آزمون سوالاتی از نحوه اداره جنگل طرح گردد وتنها حیواناتی حق دارن در مرحله دوم انتخابات داوطلب شن که در این آزمون هوش برنده بشن بعد مجمع عمومی با شرکت همه حیوانات جنگل برگزار می شه هر کدام از داوطلب ها، برنامه های خود را برای اداره جنگل بازگو می کنه و حیوانات هم به تمام حرف های آنها توجه می کنند و بعد از آن رأی گیری صورت می گیره و

114

حیوونات با توجه به شناختی که از نمایندگان دارن و با توجه به وعده ها و برنامه های آنها برای اداره جنگل نماینده مورد علاقه خود را از میون اونا انتخاب می کنند و اون کار رو از فردای اون روز طبق قانون کلّی جنگل شروع می کنه و هر گاه حیوانات در کار او اشکالی دیدند موظفند او را در مجمع عمومی حیوانات مورد پرسش قرار بدن اگر تونست حیوانات رو قانع کنه به کار خود ادامه می ده و در غیر این صورت از حاکمیت خلع می شه، و به این صورت دیکتاتوری اجازه و فرصت، مراجعت به جنگل رو پیدا نمی کنه و قوانین در جنگل حاکم می شه.

بعد از سخنرانی هدهد همه به هوش و ذکاوت و کاردانی هدهد آفرین گفتند و برای او نعره و هورا کشیدند.

از فردای آن روز انتخاب آزاد به همان شکل در جنگل برگزار شد و روند کار بصورت منظمی پیش رفت تا بالاخره روباه به عنوان اولین سیاستمدار و حاکم قانونی جنگل انتخاب شد.

در مراسمی ویژه تمام حیوانات جمع شدند و تخت پادشاهی را به عنوان نماد

استبداد به آتش کشیدند و تا صبح به جشن و پایکوبی پرداختند.

چراغ

خورشید با کلّه ای خون آلود چون دزدی کم کم خود را از دیوارهٔ افق

پنهان می ساخت . گروه کلاغها در حالی که هوا داشت مانند پر و بالشان به

سیاهی می رفت . بعداز یک روز کاری خسته کننده و پریدن و پرسه زدن در

میان دشت و بیابان و جنگل و کوه های اطراف به محلّ اصلی و اجتماع خود

که یک درخت چنار کهن‌سال بودند جمع شده بودند و شروع به پچ پچ

کردن و صحبت شدند . بعضی از کمبود آذوقه سخن می گفتند . برخی هم از

خوش اشتهایی جوجه هایشان به تنگ آمده بودند و گه گاه بعضی هم از

ناسازگاری جفت هایشان برای همدیگر درد دل می کردند . این گروه کلاغ

یک بزرگ و رئیس نیز داشتند که کلاغی نسبتا مسن بود ولی خیلی پیر نبود .

نام او زاغ خوش کلام بود و این اسم نیز برایش بسیار برازنده می نمود، چون

از نظر قدرت تکلّم و خوش زبانی در میان تمام کلاغها ، واقعا سرآمد بود. جز

آن وی کلاغی بسیار عاقل و زیرک بود و زیرکی او از سخنانش کاملا آشکار

بود . وقتی او شروع به سخن گفتن می کرد ، همگی کلاغها به احترام او

خاموش می ماندند و هیچ قارقاری نیز شنیده نمی شد . در موقع سخن گفتن او انگار کلاغهای دیگر را با برق خشک کرده اند و به صورت تاکسی درمی در نمایشگاه قرار داده اند . به همین علّت دیگر کلاغها به صورت طبیعی و غیر رسمی او را به عنوان بزرگ خود قبول کرده بودند و بسیار به وی احترام می گذاشتند . گه گاه اگر هم اختلافی با هم پیدا می کردند و یا میان آنها و جغدهاجنگ و دعوایی بر اثر شکار به وجود می آمد، او این اختلافات را میانشان حل می کرد و همه نیز حتّی جغدها به حرف وی گوش می کردند . دیگر پرندگان نیز به نوعی حرف او را باور داشتند و به وی اعتماد داشتند به جز لک لکی پیر و بدون جفت که در آن حوالی برنقطه ای بلند زندگی می کرد و آثار تجربه و عقل از سیمای او دیده می شد ، که غالبا هم منزوی بود و با رئیس کلاغها هم میانهٔ خوبی نداشت.

زمان چون جویباری جاری همچنان در جریان بود و مرجع تمام مشکلات کلاغها و بعضی پرندگان همچان همان زاغ بود.

یک دفعه کلاغها و دیگر پرندگان متوجّه اتفاق عجیبی در جنگل شدند و آن نیز آن بود که وقتی شب به خواب می روند ، خوراکی ها و بعضی شکارهایی که روز قبل شکار کرده بودند ، از لانه هایشان ناپدید می شود . ابتدا عکس العملی در این مورد نشان نمی دادند وآن را جدّی نمی گرفتند و آن را به حواس پرتی خود و جفت خود نسبت می دادند ، ولی پس از مدتّی ، متوجّه شدند ، قضیّه خیلی جدّی تر از آن است که آن را پنهان نگه دارند و به دیگران نگویند . این شد که کم کم صدای اعتراض و پچ پچ در میان دیگر کلاغها هم بلند شد . پر سیاه که یکی از همین کلاغها بود و بارها این اتفاق برای او پیش آمده بود ، ابتدا چند تن از دوستان نزدیک خود را برروی درختی جمع کرد و با آنان در این مورد به گفتگو پرداخت .

دوستان : نمی دانم این اتفاقاتی که برای من و خانوادهٔ من پیش آمده برای شما هم پیش اومده یا خیر؟

یکی از دوستان وی گفت : چه اتفاقی دوست من؟

قضیّه از این قراره که با این کمبود آذوقه در میون دشت و صحرا و خوش اشتهایی جوجه ها ما هر روز با زحمت فراوون ، چند طعمه گیر می یاریم و به لونه می بریم . کمی از اونارو را به جوجه ها می دیم و بقیّه را برای فصل سرد زمستان که در پیش داریم ذخیره می کنیم . ولی صبح که بیدار می شیم ، از ذخیرهٔ دیروز خبری نیست ، انگار غیب می شه ، این دیگه چه وضعیه؟ آیا این قضیّه برای شما هم پیش اومده؟

دوست دیگرش گفت : بله چرا که نه ، اتفاقا مدّت زیادی است، ما نیز با همین مشکل مواجه شدیم . با این وضع آیندهٔ تیره و تاری در پیش داریم . به طور قطع همگی در فصل سرما از گرسنگی تلف می شیم.

کلاغ دیگر گفت که پس این قضیه برای شما هم اتفاق افتاده ، من فکر می کردم ، بازیادی سن و سال کمی پیر و خرفت شدم و دچار اختلال و حواس پرتی شدم ، ولی مثل اینکه قضیه حقیقت داره .

پر سیاه گفت : دوستان شما نه دچار حواس پرتی و نه خرفت شدید . قضیّه

حقیقت داره ، حتّی خود من مقداری شی براق و قیمتی نیز که از سالهای

جوانی جمع کرده بودم و در جای مخصوص نزدیک لانۀ خود از آنها

نگهداری می کردم را هم از دست دادم . باید فکری اساسی کرد. این طور که

نمی شه.

یکی از کلاغها گفت : چطوره که به سراغ پرندگان دیگر نیز در جنگل بریم

واز اونا هم در این مورد کسب اطلاع کنیم که آیا چنین اتفّاقی برای اونا هم

پیش اومده یا خیر؟

پرسیاه: فکر خوبیه، دوست من. امروز شروع می کنیم و هر کدام از ما از

پرندگان دیگر جنگل نیز در این مورد پرسش می کنیم . همه توافق کردند ،

که چنین کاری انجام دهند.

ابتدا پرسیاه سراغ طوطی که یکی از دوستان صمیمی وی بود رفت و از وی در

این مورد پرسش نمود . طوطی نیز که انگار منتظر چنین سوالی بود، در

غمخانهٔ دلش را باز کرد و با ناراحتی کفت: که مدّتی اشیا و آذوقهٔ فراوانی از من مفقود می شه . از جمله مقدار زیادی تخمهٔ آفتاب گردان را که یک دانه یک دانه و مشقّت فراوان در تابستان از مزارع ، جمع آوری کرده بودم ، و برای روز مبادا و فصل سرد در تنهٔ درختی نزدیک لانه ام انبار کرده بودم ، یک شبه نا پدید شدند و حتّی پوستی از آنها نیز در لانه باقی نموند. چندتا پر بسیار زیبا و عتیقه هم که دوست از دست رفته ام ، طاووس در آخرین روزهای حیات به من برای یادگاری هدیه داده بود و هر کدام برای من دنیایی ارزش داشت ، یک دفعه از لانه ام نا پدید گردید. دیگر هیچ یادگاری از دوست از دست رفته ام برایم باقی نمونده. ای خدا این درد را را باید به چه کسی بگم؟ داشتم از این غصه دق می کردم ، خوب شد که به سراغم اومدی و این سوالها را از من پرسیدی.

پرسیاه : دوست من زیاد ناراحت نباش ، تو تنها با این اتفاق بد مواجه نشد ی ، من و خیلی از دوستانمون نیز دچار چنین ضایعه ای شدیم.

طوطی پس شما هم بله.

پرسیاه: چرا که نه .

- پس چرا جمع نمی شیم و فکری نمی کنیم ، این طور که نمی شه ،

دست روی دست گذاشت .، مگر جنگل قانون نداره؟ مگر صاحب

نداره؟

- چرا قانون دارد ، ولی قانون جنگل ، خودت که با قانون جنگل آشنا

هستی، ولی در مورد صاحب باید بگویم چندان هم بی صاحب نیست،

هر چه باشد ما هم بزرگ ورئیسی داریم.

- منظورت خوش کلامه ؟

- بله همهٔ ما وقتی مشکلی پیش می یاد به پیش او می ریم.

- بله، حواسم نبود، البته ، بهتره این بار نیز سراغ او بریم و راه حل را از او

بخوایم.

فردای آن روز پرسیاه به سراغ دیگر دوستان خود نیز می رود و از آنها در مورد ماموریّتی که برعهدهٔ آنها بود پرسش می کند . آنها می گویند : که بله قضیّه داره، واز پرندگان دیگر نیز به همان شیوه اشیا و خوراکی ها ناپدید شده و آنها نیز از علّت جویا شدند.

پرسیاه می گوید: خب پس قضّیه خیلی جدّی و بغرنج شده ، باید در یک روز مقررّ جمع شیم و به سراغ خوش کلام بریم و در آنجا همگی مشکل را با او در میان بذاریم و راه حل را از وی جویا شیم.

در یک روز مقرر همگی به حضور خوش کلام می روند و جلسه ای بزرگ از کلاغ ها و دیگر پرندگان در حضور او تشکیل می شود. عدّه ای از پرندگان از پرسیاه خواستند که او زبان باز کند و مشکل را برای خوش کلام توضیح دهد.

پرسیاه: جناب خوش کلام اجازه هست مشکل را مطرح کنم؟ سکوت مرگباری برتمام جمع سایه افکنده بود . تنها گه گاه صدای زوزهٔ بادی ولگرد شنیده می شد.

خوشکلام: نگاهی نافذ به گروه پرندگان و پرسیاه انداخت و آرام و موقّر گفت : بفرما جانم، شروع کن ، مشکل چیه؟

- جناب خوش کلام ، مشکل اینه ، که مدّتیه ، اتفّاق های عجیبی برای من و دیگر پرندگان افتاده . مدتّی است که خوراکی ها و اشیا با ارزش ما در شب از لانه هایمان نا پدید می شه . شب می خوابیم و صبح بلند می شیم و آذوقهٔ ما نا پدید می شه. به نظر شما که عاقل ترین ما هستی علّت چیه؟ و راه حل چیه؟
- خوشکلام با قیافه ای متعجّب پرسید ؟ چی گفتی ؟ یعنی واقعا چنین اتفّاقی برای شما پیش اومده؟

همگی پرندگان یک صدا گفتند: بله جناب خوش کلام دروغ هم چیه ، این اتفاق برای همهٔ ما پیش آمده، بگو ببینیم، این دزدی ها کار چه کسیه ؟ و راه حل چیه ؟

خوش کلام کمی به فکر فرو رفت و سر را بلند کرد و گفت :گفتید ، کار چه کسی است در این مورد باید بگویم ، این کار به طور قطع کار دشمن شما یعنی همان موجود دو پا و باهوش و مکّار یعنی آدمی زاده، غیراز اون کسی با شما دشمنی نداره و قادر به این کار نیست شما باید برای مقابله با او آماده بشید و بدونیدکه هر چه بدبختی بر سر ما پرندگان و دیگر موجودات می یاد علتّش همین موجود خبیث دو پاست. ای آدمی زاد: ننگ و شرم برتو باد، که هیچ موجودی از دست تو در امان نیست.

همگی پرندگان گفتند: چی گفتید ؟ آدمی زاد! کار اونه، یعنی ممکنه کار اون باشه ؟ مگه ما با اون چه دشمنی داریم که اون با ما دشمنه؟

- چه دشمنی؟ بله هیچ دشمنی با اون ندارید، ولی اون به خاطر منافع

خود و به خاطر آنکه ذخایر و خوراکی های شما را از آن خود کند،

این کارها را در حق شما موجودات بی گناه انجام می ده.آیا کسی که

ذخایر و خوراکی های شما را که با رنج و زحمت به دست آوردید ،

غارت کنهو بدزده دشمن شما نیست؟

- در این زمان ، قیافهٔ همهٔ پرندگان در هم فرو رفت و کمی به فکر فرو

رفتند و با هم به پچ پچ پرداختند و همگی به این نتیجه رسیدند که

حرف های خوش کلام کاملا حقیقت دارد .

پرسیاه گفت : جناب خوش کلام به نظر شما راه حل مشکل چیه؟

- به نظر می رسه که راهی جز مقابل به مثل با این موجود دوپا ی موذی باقی

نمانده . خوب گوش کنید ، بهترین راه اونه که شما نیز در مواقع خاصّی به

روستای محّل زندگی این موجود دو پا که چندان نیز از جنگل دور نیست

برید و خوراکی ها و آذوقه ها و اشیا قیمتی آنها را بدزدید و به جنگل بیارید ،

128

تا آنها نیز دست از این دزدیها ی خود بردارند فقط مواظب باشید ، این کارو

دزدکی و با احتیاط کامل انجام بدید ، البتّه می تونید اگر یکی از آنها را تنها

یافتید ، به او حمله هم ببرید و با نوک و چنگال خود چشم اونو   هم از حدقه

در بیارید و سر و صورت اونارو را هم زخمی کنید ، چون اونا دشمن قسم

خوردهٔ شما هستند . من خود البته کارهای دیگری دارم و وقت این کارا رو

ندارم ، فقط اگر مایل بودید ، از غنایم آنها برا من هم چیزی بیارید ، البتّه این

کار بسته به میل و خواست شما دارد ، ودر این کار اجباری نیست.

یکی از کلاغها گفت فکر خوبیه ، تنها راه انتقام از این موجود دوپا مقابل به

مثله . باید درس خوبی به این موجود خبیث بدیم.

دیگری گفت: در مورد غنائم هم جناب خوش کلام تو رو فراموش نمی کنیم

.و حتما برای اینکه ما رو در این مورد راهنمایی کردید و راه حل رو برامون

تعیین کردید ، سهم شما محفوظه و قول می دیم سهم شمارو از غنیمتا از همه

شما بیشتر باشه.

از فردای آن روز ع طبق پیشنهاد خوش کلام ، تمام پرندگان و مخصوصا کلاغها به طرف روستا و مزارع آدمها حمله ور شدند .کلاغها که زیرک تر بودند ، در اطراف مناطق مسکونی و پشت بامها و درختان درون روستا، کمین می کردند و در فرصت مناسب مواد خوراکی چون میوه هایی را که برای خشک کردن برروی پشت بام ها قرار داده بودند را می ربودند. طوطی ها مزارع آفتاب گردان و دانه های روغنی را غارت می کردند . عدهٔ ای از عقاب ها و شاهین ها به مرغ و خروس ها و کبوتران خانگی حمله می کردند و آنها را شکار می کردند ، فاخته ها و گنجشک ها به سیلوها و انبارهای غله در خرمن ها حمله می کردند.

اهالی روستا در ابتدا متعجّب شدند و علّت ازدحام این همه پرنده را در اطراف روستا و داخل مزارع باور نمی کردند ، و همه از هم می پرسیدند ، این چه وضعیه ؟ این پرنده ها را چی شده ؟ تا حالا این همه پرنده کجا بودن حالا چه اتفاّقی افتاده البته روستاییان قبل از این هم گه گاه پرندگانی را به صورت کم

مشاهده می کردند که به روستا می آیند و آذوقه های آنها را می ربایند و از محصولات آنها استفاده می کنند ، ولی تا این زمان به این صورت پرندگان را در گروهای انبوه نمی دیدند که به روستا ها این گونه هجوم آورند . همگی در این مورد از هم سوال می کردند ولی هیچ کس علّت را نمی دانست . کار وقتی برای روستاییان غیر قابل تحمّل شد که مشاهده می کردند ، که بعضی از پرندگان چون کلاغها و عقاب ها به فرزندان کوچک آنها نیز حمله می کنند ویا آنها را نابینا می کنند و یا بعضی از آنها از درون گهواره می ربایند و با خود می برند . که البتّه بیشتر عقاب ها قدرت این کار را داشتند. تعدادی از خانواده ها به این صورت عزادار شده بودند . بالاخره جلسه ای اضطراری تشکیل دادند و با هم مشورت کردند و بالاخره تصمیم گرفتند به صورت جدّی و با استفاده از وسایل مختلف چون تله و دام و اسلحه های شکاری به مقابله با پرندگان بپردازند . آنها هر کدام اسلحه و تله و دام تهیّه می کردند و به شکار پرندگان و به دام انداختن آنها پرداختند ، تعدادی هم شکارچی حرفه

ای استخدام کردند و به شکار پرندگان به صورت انبوه پرداختند. وبه این صورت پرندگان که انتظار چنین عکس العملی از انسان ها نداشتند ، غافلگیر شدند و تعداد زیادی جان خود را از دست دادند، دیگر تقریبا اکثر پرندگان جرات نمی کردند ، در اطراف روستا پرواز کنند، چون شکار پرندگان ، برای روستاییان ، جنبهٔ تفنّن و تفریح و سرگرمی به خود گرفته بود و آنها در این مورد با یکدیگر مسابقه می دادند ، به علاوه به این صورت مقدار زیاد گوشت تازهٔ شکار نیز به دست می آوردند و دیگر رغبتی به کشاورزی و کارهای دیگر نشان نمی دادند . وقتی شکارها خود به روستا می آمدند و آنها نیز به راحتی آنها را شکار می کردند ، دیگر نیازی در خود احساس نمی کردند به کاری دیگر دست بزنند . کم کم آن تعدادکم پرندگان نیز هم جرات نمی کردند برای دزدی به روستا بروند و همگی در جنگل پناهنده شدند و جرات بیرون رفتن را نداشتند .

پرسیاه و دیگر پرندگان در این راه بسیاری از دوستان خود را از دست دادند و

بسیار هراسان و غمگین و افسرده شده بودند به علاوه ، آنها با کمال تعجب

مشاهده کردند که هنوز اشیا و آذوقه های آنها در میان لانه هایشان نا پدید می

شود و اتفاقا این معضل حادتر نیز شده است و اشیا بیشتری از آنها نا پدید می

شود . ولی قضیّه برای خوشکلام چندان هم بد نشده بود . چون پرندگان مقدار

زیادی آذوقه و اشیا قیمتی را به عنوان هدیه برای او می آوردند ، به طوری که

ناچار شده بود ، برای جا دادن به این همه آذوقه ، چندین لانهٔ دیگر هم در

جاهای مختلف جنگل در ست کند و آنها را در آن لانه ها جای دهد.

پر سیاه خسته و غمگین و افسرده بر روی درختی نزدیک محّل زندگی لک

لک پیر ایستاده بود و سخت به فکر رفته بود . او با خود می گفت :«عجیبه راه

حلی که خوش کلام برای مقابله با دشمن برا ما پیشنهاد کرده بود ، اصلا

جواب نداد و خوب از کار در نیومد و نه تنها دزدی های جنگل را متوقّف

نکرد و دزدی ها بیشتر شد بلکه باعث شد ، بسیاری از پرندگان بیچاره نیز

جان خود را در این راه از دست بدند. یعنی اشکال کار ما کجاست و راه حلّ این مشکل در جنگل چیه؟

لک لک پیر که حرکات پرسیاه را از دور تماشا می کرد و تا حدّی نیز کارهای پرندگان را از دور زیر نظر می گرفت نزدیک تر آمد و با مهربانی و در حالی که پاهایش از شدّت پیری می لرزید شمرده شمرده به پرسیاه گفت : هان چی شده پر سیاه ، می بینم که غمگین و افسرده ای ؟ مشکلی پیش اومده؟ پرسیاه سر را بلند کرد و تازه متوجّه لک لک پیر شده بود با دست پاچگی گفت : هان ، چی، چی گفتی؟ لک لک پیر؟

- متوجّه نشدی ؟ به تو گفتم مشکلّی پیش اومده؟ چرا افسرده و غمگینی؟

پرسیاه چندان با لک لک پیر هم صمیمی نبود چون او پرنده ای منزوی و پیر و تنها بود و با دیگر پرندگان هم چندان نمی جوشید با تردید اندکی جلوتر رفت و گفت : سلام، بله لک لک پیر مشکلات زیادی برای ما پرندگان

جنگل به وجود آمده و در این حال تمام اتفاقات پیش آمده را برای لک لک پیر شرح داد.

لک لک پیر گفت : بله ، البته من چندان از مشکلات شما هم بی خبر نیستم ، ولی الآن با جزئیات مشکلات شما پرندگان کم تجربه آشنا شدم .امان از نادانی و نا آگاهی ! واقعا که نادانی و جهل چه بلاهایی می تواند به سر موجودات بیاورد و خود آنها هم نفهمند که این بلاها از کجا آمده و علّت آن چیست؟

- مقصودت چیست لک لک پیر ؟ کی نادان و ناآگاهه؟ نکنه منظورت ما پرندگانیم؟

- بله شما پرندگان نا آگاه که بدون اندکی دانش و تفکّر ، عقل خود را به دست یک شیّاد داده اید .

- یعنی چی ؟ یعنی می گی؟ حرف های خوش کلام ، حقیقت نداره و این دزدی ها کار آدما نیست؟

- نه، اصلا کار آدما نیست .

- پس کار کیه ؟ این دزدی ها واقعا کار کیه؟

- من فعلا نمی تونم نظری قطعی بدم ، ولی از تو می پرسم ، آیا تو

خودت انسانی را به چشم خود دیده ای که شب به جنگل بیاید و

آذوقهٔ شما رو بدزده؟

- نه ، نه، باید اعتراف کنم ، اصلا انسانیو در جنگل در ه شب برا دزدی

ندیدم.

- چرا ندیده ای مگر چشم نداری؟

- چشم دارم ، ولی جنگل در هنگام شب به قدری تاریکه ، که چشم

چشم را نمی بینه ، چه برسه به اینکه ما انسانی را ببینیم که به جنگل

بیاید و از ما دزدی کنه.

- راست گفتی ، در تاریکی امکان ندارد چشم شما کسی، یا چیزی را

ببینه ، ولی از کجا پذیرفتید که این دزدی ها کار انسان هاست.

- معلوم است از گفتهٔ جناب خوش کلام ، او عاقل ترین و خوش سخن ترین پرندهٔ جنگه .

- و شما نیز سخن اونو پذیرفتید ؟

- بله ، ما به وی اعتماد کامل داریم .

- به او اعتماد کامل دارید ، ولی به عقل و خرد خودتون اصلا اعتماد ندارید.

پرسیاه به فکر فرو رفت و سر را به زیر می اندازد.

لک لک ادامه می دهد : اگر خوش کلام ، فرضا اشتباه کنه و یا حقیقت را به دلایلی نگه، باز هم شما می خواید حرف اون رو باور کنید؟

- خب چاره ای دیگر نداریم چون او در هر صورت داناتر از ماست.

- اگر کسی از این دانایی سو استفاده کنه چه؟ آیا چنین احتمالی را هم می دید؟

پرسیاه دوباره سر را به زیر می افکند و به فکر فرو می رود. بعد از مدّتی سر بلند می کند و می گوید ک پس به نظر شما راه حل چیه؟ ما چه چاره ای جز باور کردن سخنان خوش کلام داریم؟

- معلومه تکیه برعقل و خرد خودتون. مشکل اصلی شما در جنگل تاریکیه ، مگه نه؟
- بله مشکل اصلی ما در جنگل تاریکه شبه. و از این طریق دزدان از این تاریکی نهایت سواستفاده را می کنند و اموال مارو می ربایند و کسی هم اصلا آنها را نمی بینه. شما بفرمایید ما با این تاریکی چه کار کنیم؟ و راه حل چیه؟
- راه حل کاملا روشنه . راه حل مشکل شما روشناییه. اگر جنگل شما در شب روشنایی داشته باشه ، حقیقت برای شما کاملا روشن می شه.
- ولی ما در شب روشنایی رو از کجا باید بیاریم؟ ما که توانایی چنین کاریو نداریم؟

- من می دونم چطور روشناییو به جنگل بیارید . ابتدا تمام پرندگانو غیر از خوش کلام برای مشورت در محلّی جمع آوری کن این جلسه باید کاملا سرّی باشه و خوش کلام از اون بویی نبره ، تا من راه حل را براتون بیان کنم.

فردای آن روز پرسیاه ، تمام پرندگان را به جز خوش کلام ، برای شرکت در جلسهٔ مشورت با خبر کرد . پرندگان که همگی از مشکلات موجود به جان آمده بودند در موعد مقرردر جلسه حاضر شدند.

پرسیاه شروع به صحبت می کند و می گوید:

دوستان شما همگی مشکلات موجود راخوب درک می کنید . ما پیش از این با جناب خوش کلام در این مورد مشورت کردیم و راه حل را از او خواستیم ، ولی او نه تنها مشکل مارا حل نکرد ، مشکلات زیادی نیز به مشکل ما اضافه کرد. همگی پرندگان با صدای بلند گفتند صحیح است ، صحیح است.

پرسیاه ادامه داد ، من به این نتیجه رسیدم که او دیگر صلاحّیت و دانش لازم رو نداره که ما با وی در معضلات پیش آمده مشورت کنیم . دوستان من هم الان پرندهٔ دانای دیگری که بسیار هم راستگو و باتجربه اس و سالیان درازی را در جوار انسان ها به سر برده و با عادات و آداب و رسوم زندگی آنها کاملا آشناست به شما معرفی می کنم این شما و این جناب لک لک پیر و دانا.

همهٔ پرنده ها به سوی لک لک پیر ودانا متوجه شدند و به او خیره شدند.

پرسیاه ادامه داد: جناب لک لک ، می شه کمی در مورد زندگی خود و تجربیّات برخورد با انسانها برای ما صحبت کنی؟

لک لک پیر با تواضع سر بلند کرد و گفت با کمال میل .

من مدّت زیادی را در جوار انسان ها با خانوادهٔ خود سپری کردم ، می دونید که ما لک لک ها به دلایلی که جای شرح آن الان نیست باید در کنار محلّ زندگی انسان ها زندگی کنیم . من از جوانی همراه خانوادهٔ خود بر برجی بلند

در کنار شهری زندگی می کردم . من هرسال به آن محل می آمدم و همراه

جفت خود جوجه هایمان را در آنجا بزرگ می کردیم و آدما نیز پس از

مدّتی به دنبال زندگی خود می رفتن و بعد از آنجا مهاجرت می کردیم . در

این سالها جوجه های زیادی را همراه جفت وفادار خود در آنجا بزرگ

کردیم . سالیان درازی گذشت ، تا اینکه جفت با وفایم بر اثر کهولت سن از

دنیا رفت و من نیز به خاطر آلودگی هوای شهر و اینکه دیگر انگیزه ای برای

زندگی دراونجا به تنهایی نداشتم ، آنجا را ترک کردم و تصمیم گرفتم بقیّهٔ

عمر خود رو در گوشه ای از طبیعت تنها و منزوی زندگی کنم. من در این

سالیان ، تجربیّات زیادی از زندگی در کنار انسان ها دارم و آنها را به خوبی

می شناسم ، و برای همین است که به شما می گویم که دزدیها و اتفّاقات پیش

آمده ، اصلا نمی تواند کار انسان ها باشه ، چون این کار نه تنها برای انسانهای

عاقل و باهوش منطقی نیست ، بلکه بسیار مضحک و خنده داره . آنها به علّت

پیشرفت در آداب زندگی و تمدّن ، چنان متحّول شدند ، که نیازی به ربودن

آذوقه از میون جنگل انبوه و از لانه های پرندگان را ندارند.آخه کمی فکر کنید ، آیا این کار منطقی است؟ پرندگان همگی سکوت کردند و کسی حرفی برای گفتن نداشت ، تا اینکه دارکوب سکوت را شکست و گفت: خب پس جناب لک لک کار چه کسیه ؟ لک لک گفت من فعلا کسی را متهّم نمی کنم، فقط از شما می خوام که خود را از تاریکی جنگل در شب نجات بدید، و آن را روشن کنید، کلاغی گفت چگونه؟

- به شما می گم ، شما برای روشن کردن جنگل نیاز به چراغ یا همان فانوس دارید ، پرندگان گفتند: فانوس دیگه چیه؟

- فانوس وسیله ایه که انسانها به وسیلۀ آن در شب ودر جاهای تاریک ایجاد روشنایی می کنند.

پرسیاه گفت : ولی جناب لک لک ما که توانایی ساخت فانوس نداریم ، چه کار باید بکنیم؟

به شما می گم بله، شما توانایی هنوز توانایی ساخت فانوس را ندارید ، ولی می تونید ، برای مدتی تعدادی از فانوس های انسان ها را برا مدّتی به جنگل بیارید و در جاهای مختلف و تاریک در جنگل در شب نصب کنید ، تا جنگل شما از تاریکی نجات پیدا کنه و شما دزدان واقعی را شناسایی کنید.

پر سیاه دوباره پرسید ما کلاغا که توانایی اون رو نداریم که چنین وسیله ای رو از فاصلۀ دور به اینجا بیاریم.

- بله شما توانایی اون کارو ندارید ولی عقاب ها که در میان جمع هستند که می تونن.

همۀ پرندگان به طرف چند عقاب که با هیبت و شکوه در کنار آنها نشسته بودند ، نگاه کردند ، عقاب ها وقتی این سخن را شنیدند بادی به غبغب انداختند و با غروری همراه با اعتماد به نفس گفتند : بله ما توانایی چنین کاری را داریم مگر وزن این فانوسها چه قدره ، ما بارهای سنگین تر از این رو هم از زمین بلند کردیم.

لک لک گفت : ولی شما برا این کار نیاز به همراهی کلاغها نیز دارید ، چون

کلاغها در ربودن اشیا از آدما مهارت فوق العاده ای دارند. شما با تعدادی از

کلاغهای چابک و زرنگ فردا به روستا می رید ودر هنگام غروب منتظر می

مونید . در آن زمان آدما فانوسا را از اتاقها بیرون می یارن و می خوان در آن

ها سوخت بریزن و آنها را تمیز و روشن کنند ،. ابتدا شما عقابا در فاصلهٔ

دورتری کمین کنید و منتظر بمونید و کلاغها با احتیاط جلو می رن و مراقب

می مونند تا آدمها فانوسا را برای روشن کردن آماده کنند همین که ، فانوسا

را روشن کردن کلاغها با علامت رمزی مثلا دو بار قار قار کردن شما رو

متوجّه می سازند که به جلو بیایید و با یک حرکت سریع و برق آسا ، چراغای

روشن ر از پیش آدمها بربایید. چراغها دسته دارن ، و شما برای گرفتن آنها

مشکلی ندارید ، فقط سعی کنید ، خیلی سریع و با دقّت عمل کنید و چراغها

را طبق نقشه از جلو آدما برباید . تمام پرندگان حرفهای لک لک را تایید

کردند و قرار شد فردای آن روز کلاغها و عقاب ها فردای آن روز در هنگام

غروب ، اولّین ماموریّت خود را به انجام رسانند و تعدادی چراغ به جنگل بیاورند . تقریبا کار به نحو احسن انجام شد و غیر از یکی دو مورد ، بقیّهٔ عقاب ها توانستند ماموریت خود را به به بهترین شکل انجام دهند و تعداد نسبتا زیادی فانوس روشن به جنگل بیاورند ، و آنان را طبق دستور لک لک در جاهای کلیدی و تاریک جنگل نصب کنند، و تا حدّی نقاطی از جنگل در شب تاریک روشن شد ، امّا هنوز به تعدادی دیگر فانوس نیاز بود ، که نقاط دیگر تاریک جنگل هم روشن شود و برای همین در روز دیگر کلاغها و عقاب ها به روستایی دیگر رفتند و تعدادی دیگر چراغ از آدمها ربودند و به جنگل آوردند . حالا تمام جنگل به بهترین وجه روشن شده بودو پرندگان ، حتّی حرکت کرم ها و مورچه ها را در میان برگ های خشکیدهٔ درختان بر روی زمین می دیدند.

لک لک دو باره پرندگان را جمع کرد و گفت حالا جنگل در شب کاملا روشنه ، و می تونید دزدان واقعی را تشخیص دهید، هر کدام از شما امشب

کمی بیدار بمونید و نگهبانی بدید ، مطمئن باشید ، این دزدها نمی تونند برای

مدّت زیادی بیدار بمونند و تقریبا کمی از شب گذشته ، برای دزدی به لانه

های شما می یان. البته این جلسه به صورت کاملا مخفی برگزار شد و سعی

شد که پرندگان جلسهٔ پیش در جلسه حاضر شوند.

پاسی از شب گذشته بود و همهٔ پرندگان دوتا دوتا به نگهبانی از لانه‌ها می-

پرداختند ، ناگاه صدای خش خشی در میان برگهای خشک بر روی زمین به

گوش رسید، پرندگان خوب گوش کردند و نا گاه تعداد زیادی سنجاب را

دیدند در گوش ای از جنگل ابتدا جمع شدند و با هم به پچ پچ کردن با هم

پرداختند و بعد یک دفعه پراکنده شدند و هر کدام از درخت ها بالا رفتند و به

طرف لانه های پرندگان رفتند. پرندگان که منتظر این واقعه بودند ، اول خوب

منتظر ماندند تا سنجاب ها به لانه های آنها وارد شدند و بعد به سرعت از

گوشه ای که کمین کرده بودند یک دفعه پریدند و در لانه ها را مسدود

کردند و تمام سنجاب ها را در درون لانه ها به دام انداختند. و قضیّه را به لک

لك اطلاع دادند. لك لك پیر هم دستور دادکه دست و پای آنها را ببندند و آنها را برای باز جویی به نقطه ای مخصوص بیاورند. روز شد و سر ساعت مقرّر همهٔ پرندگان حاضر شدندو منتظر محاکمهٔ مجرمان شدند .

همهٔ پرندگان با حالت خشم و تنّفر به سنجاب ها خیره شدند و با عصبانیت فریاد زدند : عجب! پس شما ! شما بودید که حاصل دسترنج مارو در این مدّت می ربودید، دزدهای بی چشم و رو و کثیف! به زودی شما را به سزای اعمال ننگینتان می رسونیم، چه خیال کردید ؟ فکر کردید ما متوّجه نمی شیم ، کور خوندید ! دزدهای بی شرم!

لك لك که شاهد این صحنه بود ، بلافاصله گفت: عجله نکنید و زود قضاوت نکنید ، معلوم نیست ، این سنجاب ها مقصّر واقعی باشند ، ممکن است آنها فقط آلت دزدی باشن و مقصر واقعی و اصلی ، کسی دیگر باشه . صبرکنید تا باز جویی را شروع کنیم ، بعد که قضیّه روشن شد ، اگر آنها مجرم باشن ، به میزان جرمشون ، نه کمتر ونه بیشتر ، مجازات خواهند شد.

و به این صورت لک لک پیر بازجویی از سجاب ها را شروع کرد . سنجاب ها ابتدا می خواستند آمر اصلی دزدیها را لو ندهند ، ولی لک لک پیر آنها را نصیحت کرد و به آنه گفت : اگر حقیقت رو نگید ، ممکنه شما رو به جرم دزدی مجازات کنند و کاری نیز از دست من برای شما ساخته نباشه ، ولی اگر حقیقت را بگید ، من قول می دم ، که در مجازات شما تخفیف قائل شم و شما باز هم بتونید به راحتی و آزادی در جنگل زندگی کنید و روابط خوبی با دیگر حیوانات و پرندگان جنگل داشته باشید.

بالاخره یکی از سنجاب ها زبان باز می کند و حقیقت را می گوید.

- حقیقت اونه که ما هم از کمبود آذوقه در جنگل نگران شده بودیم و چون فصل سرد رمستان در پیشه و ما برای خودمان و بچّه هامون ذخیرهٔ زیادی نتونستیم جمع کنیم ، در این بین ، خوش کلام ، همگی پرندگان با تعجّب گفتند : چی ! خوش کلام ؟ اون کلاغ مسن و دانا ؟! سنجاب گفت بله ، خوش کلام که همگی شما اورو قبول دارید ،

یک دفعه به صورت خصوصی با ما دیدار کرد و گفت : فصل سرما

نزدیکه و به زودی برف و بوران در جنگل شروع می شود ، و شما نیز

چون من ذخیرهٔ غذایی کافی ندارید، اگر با نقشهٔ من موافقت نمایید،

همگی ما ذخیرهٔ غذایی بسیاری به دست می یآریم. خوب گوش کنید:

این پرندگان روز ها به دنبال آذوقه به دشت و صحرا می رن و شب ها

خسته و کوفته به لانه بر می گردن، و از شدّت خستگی به خواب می

رن، و چنان به خواب عمیقی فرو می رن که اگر دنیا رو آب ببره، اینا

رو خواب می بره و اگر دنیا بر سراونا خراب بشه، چیزی متوجّه نمی

شن. شما هم که در بالا رفتن آرام و بی سرو صدا از درخت، مهارت

دارید، من در روز مراقب این پرندگان هستم که چه چیز هایی به لانه

می یارن، و در شب به شما محّل آذوقه و اشیاء قیمتی آن ها را می گم،

البتّه این کار برا من زحمت زیادی داره، ولی مهم نیست من می تونم

چنین کاری را برای شما انجام بدم به شرط این که سهم بیشتری از

آذوقه ها رو به من بدید، در ضمن می دونید که ما کلاغا اشیاء براق و قیمتی رو بسیار دوست داریم ولی این اشیاء به درد شما نمی خوره، اگر ممکنه آن اشیاء را هم به من تحویل بدید. سنجاب ادامه داد، البتّه ما به خوش کلام گفتیم که ممکنه، قضیه لو بره و همگی گیر بیفتیم، ولی اون گفت: نگران نباشید، این پرندگان اونقدر احمق و کودن هستن که هرگز متوجّه این قضیه نخواهند شد. بعلاوه اینا به من کاملاً اعتماد دارن و ممکن نیست هیچ گاه به من شک کنن، و تاریکی شب در جنگل و تاریکی ذهن و جهل و بی خبری آن ها بهترین کمک ما در این کاره. لک لک پیر گفت: ولی او نمی دونست تاریکی جنگل و ذهن پرندگان برای همیشه باقی نخواهد موند. بعد رو به پرندگان کرد و گفت: همگی گوش کنید، تاریکی جنگل با چراغ از بین می ره و تاریکی ذهن شما با عقل و خرد و دانش از بین می ره پس بر شما باد که همیشه چراغ عقل و دانش را در ذهن خود روشن نگاه دارید، تا

دزدانی چون خوش کلام، هیچ گاه نتونند از تاریکی ذهن و جهالت شما سوء استفاده کنند و به امیال پلید خود برسند. سوخت این چراغا کمه و به زودی تمام می شه و دوباره جنگل در تاریکی فرو می ره، ولی چراغ عقل و خرد شما هیچ گاه خاموش نمی شه، چرا که شما می تونید با علم جویی و طلب دانش، همیشه این چراغ رو روشن نگه دارید، لک لک ادامه داد این سنجاب ها گناه زیادی ندارن و مقصّر اصلی خوش کلام است، به سراغ او برید و اگر بخواید حقیقت رو بدونید، گناهکار و دشمن اصلی شما جهالت و نادونی شماست که باید برای مبارزه با آن همیشه آماده بشید.

پس از مدّتی دو عقاب چابک و نیرومند را به دنبال خوش کلام فرستادند و او را در حالی که پر و بال او را محکم بسته بودند به میان جمع پرندگان آوردند لک لک گفت گناه این شیّاد بسیار بزرگه و قابل بخشش نیست چون باعث جنگ و خونریزی بسیاری بین پرندگان و انسانها شده و بسیاری از پرندگان به

خاطر فتنه انگیزی این مکّار جان خود رو از دست دادند و انسانها نیز بعضی از فرزندان کوچک خود رو در این وقایع از دست دادند بهتره پر و بال اون رو ببندید و اورو ببرید ودر میان انسانها رها کنید و اونا با کینه ای که از پرندگان دارند معلوم است چه بلایی بر سر او می یارند. دو عقاب نیرومند این ماموریّت را درهمان روز به انجام رساندند و خوش کلام در آتش خشمی که خود افروخته بود به سزای عمل خود رسید.

سپس لک لک پیر رو به پرندگان کرد و گفت تنها فقر شما از نظر علم ودانش باعث این مصیبت ها نشده بلکه کمبود آذوقه و فقر غذایی نیز در این امر موثر بوده پس بهتر ه اون رو نیز به نوعی حل کنید و اگر این جنگل به اندازهٔ کافی آذوقه نداره به جایی دیگر مهاجرت کنید. شاید که در آن جا روزی شما بیشتر بشه، زمین خدا گسترد اس پس در اون سفر کنید و و در طلب روزی باشید و هیچ گاه نیز نا امید نشید.

حکومت شتری

بلبل شیدا با آوازی حزین فریاد بر آورد:

ما بار گنه ز کدامین نسل می کشیم　　　ای وای، وایِ ما این نسل سوخته!

این سایه ی شوم زین عفریت تا بکی　　　بر سر همی رود

در دیده خار و خاشاک　　　در نای استخوان

کو تاب گفتگو

گه گه که بر کنیم سرِ خود ز ظلم و جور　　　پُتکی گران به سر خوریم که

هان خموش

در دیگِ خود بجوش

بیهوده هم نکوش

ای صبح راستین تا کی نمی دمی؟

از کذب می رَمی؟

ای وای، وای تو

خاکت به سر برو، در دیده ات فلق

باشد تورا ابد

نیِ در غَلَط منم

آوخ ز این دو دیده ی بی شرم ما که ما

بی ذرّه ای ز دل خروش

داریم بس امید ز صبح دوش

هد هد صحرا با شنیدن صدای بلبل شیدا به او گفت:

آهای دوست من، دوباره که آواز حزین می خوانی، می خواهی هنوز ادامه دهی؟

بلبل شیدا: دوست من قول داده بودی که راه حلّی برای مشکل و خفقان مزرعه برایم بیان کنی و ما را در از بین بردن این ظلم و بیداد یاری دهی، چی شد مثل اینکه مدّتی است سکوت اختیار کردی و به قول خود عمل نمی کنی؟

هدهد صحرایی که سنّ و سالی از اون گذشته بود سر بلند کرد و گفت: نه دوست من اصلاً بد قولی نکردم، تو خوب مرا می شناسی، تا حالا با تو این رفتار را داشته ام و سابقه ی بدی از من دیده ای؟

-نه اصلاً این طور نبوده و تو همیشه به قول و قرارات وفا کرد ه ا ی ولی علّت تعلّل تورا هم در این مورد نمی دانم

- ببین دوست من علّت این است که می خواستم از میان داستانهایی که در خاطر دارم بهترین آنهارا انتخاب کنم تا با مشکل مزرعه ی شما تناسب داشته باشد و بتوانی راه حلِّ مشکل مزرعه ی تان را از آن پیدا کنی، دیروز داستانی به خاطرم آمد، خوب حالا گوش کن تا برایت تعریف کنم:

در زمانی نه چندان دور و در مکانی نزدیک، مزرعه ای بود کوچک در کنار جنگلی بزرگ، که تک درختی در میان آن بود و صاحب مزرعه مردی بود امروزی، مزرعه دوست، تحصیل کرده ی خارج از مزرعه، آرام و با نزاکت و معتقد به مذهب و تا حدّی خرافاتی و دیکتاتور، که همراه خانواده ی خود زندگی می کرد و مزرعه را اداره می کرد.

قدری چرخ روزگار رو به عقب تر بر گردانیم، چندین سال پیش از این مزرعه صاحبی دیگر داشت، که آن هم چون این مرد مزرعه را مستبدّانه اداره می کرد، ولی پدر این مرد قصّه ی ما اوّل به عنوان عامل و نوکر، خودرا دراین مزرعه جا داد ، بعداً باریا و تزویر ، قدرت وا مکاناتی برای خود دست و پا کرد ، ودرفرصت مناسب برولی نعمت خود شورش و طغیان کرد و او را با تهدید اسلحه از مزرعه بیرون کرد و خودرا صاحب این مزرعه معرفی کرد ، او مردی بود ، خشن ، چکمه پوش ، سبیل کلفت ، گردن کلفت ، وقلدر وغالباً تفنگ به دوش و از آن پس ،مزرعه به صورت موروثی به مرد قصه ی ما رسید .

در این مزرعه ی نسبتاً بزرگ که در دشتی سرسبز واقع بود ، دو رودخانه در

شمال و جنوب آن جریان داشت و در قسمت شرق آن در فاصله ای نه چنـدان دور ،

جنگلی انبوه وجود داشت ودر قسـمت غـرب آن کوهسـتان بلنـد و بـا شکوهی قرار

داشت.

در این مزرعه ی بزرگ انواع حیوانات اهلی و نیمه اهلی وجود داشتند در

یک قسمت آن چندین شتر رنگارنگ در محدوده ء مخصوص خود زندگی می

کردند در قسمت آغل آن انواع حیوانات چون الاغ ها و اسب ها، گاوها و قاطرها

زندگی می کردند و در محوطه ء بزرگی از این مزرعه گله ای بزرگ از گوسفندان

و بزها، خوکها در هم می تنیدند و در حیاط نزدیک خانه نیز تعداد زیادی مرغ و

خروس در محل مخصوص به سر می بردند، البته چنین مزرعه ای نیاز به تعدادی

سگ نگهبان نیز داشت که اتفاقاً این نوع سگها نیز وجود داشتند و مورد توجه خاص

صاحب مزرعه داربودند مثل هر خانه ای مزرعه دارای تعدادی گربه ی رنگارنگ

نیزبود که در خانه و اطراف آن پرسه می زدند و پرندگانی چون پرستو، هدهد یا

شانه‌به سر و فاخته وجغد نیز در این مزرعه و در اطراف آن در پرواز بودند

خزندگانی موذی چون مارهای سمی و جوندگانی چون موش در نیز این

مزرعه دیده می شد که صاحب مزرعه از آنها دلخوشی نداشت چون گه گاه

فرزندان کوچک صاحب مزرعه را نیش می زدند و یا به انبارهای آذوقه

آسیب می رساندند و اگر صاحب مزرعه آنها را می دید غالباً از بین می برد

در اطراف این مزرعه و در دشتهای اطراف، جنگل، کوهستان و رودخانه انواع

حیوانات وحشی چون شیر، شغال، روباه، خرس، گرگ، کفتار، خرگوش،

گوزن، پلنگ و ببر و دیگر حیوانات وحشی نیز وجود داشت که گه گاه به

حیوانات اهلی مزرعه حمله می کردند و آنها را از هم می دریدند و صاحب

مزرعه با تفنگ به مقابله‌ء آنها می رفت این ظاهر مزرعه و ظاهر حیوانات اهلی

داخل در مزرعه و حیوانات وحشی خارج از مزرعه بود.

ولی اگر چون یک موش صحرایی به داخل این مزرعه نقبی بزنیم و بخواهیم از نزدیک با حیوانات آنها روبه رو شویم به زودی متوجه خواهیم شد که این جماعت حیوانات هیچ دست کمی از یک اجتماع در حال توسعه بشری ندارندو دارای دین و آیین و آداب و رسوم و تشکیلات سیاسی و حزبی و تشکیلات اقتصادی پیچیده ای می باشند که همسو با تشکیلات جوامع بشری در حال تغییر و تحول هستند.

ابتدا به جمع شتران این مزرعه سری می زنیم این شتران ازقشرروحانیت حیوانات مزرعه هستند در این جمع، شترانی با رنگ های مختلف و عقاید سیاسی و مذهبی گوناگونی به سر می برند تعدادی از این شتران به رنگ سفید می باشند تعدادی قرمز رنگ می باشد تعدادی نیز قهواه ای متمایل به سیاه می باشند که مخصوصاً پشم ها و کرک های سر آنها سیاهرنگ به نظر می رسد اما از نظر عقاید مذهبی به ظاهر دارای ایمان مذهبی می باشند و سخت مقید به آداب ظاهری عبادت ولی در باطن به نظر می رسد که همگی

اعتقاد درونی به دین و مذهب ندارند و تعدادی از آنهااز دین به عنوان یك وسیله و اهرم سیاسی که برای نفوذ در میان حیوانات در یك مزرعه مناسب است استفاده می کنند و از دین دکان- و بازار درست کرده اند این شترها همگی ظواهر مذهبی را خوب رعایت می کنند و لااقل هر چند سال یك بار به سفر زیارتی می روند، تعدادی از آنها با سخنرانی های متعدد برای حیوانات مزرعه بدعت ها و خرافات و و دروغهای بزرگی به نام دین در میان آنها ترویج کرده اند که البته ربطی به دین ندارد از جمله داستانهای غم انگیزی از قرون گذشته برای آنها نقل می کنند که در آن قرون چگونه بعضی انسانهای پلید و بی رحم شتران را به خاطر عقاید مذهبی و سرکشی در برابر ظلم صاحبان آنها با بی رحمی نحر می کردند یعنی ابتدا در گلوی آنها سیخ فرو می بردند و بعد سر و دست و پای آنها را می بریدند و به این صورت حیوانات بیچاره را به گریه می انداختند همین شتران سخنران برای حیوانات توجیه می کردند که بنا بر توصیه های مذهبی تمام حیوانات مزرعه باید یك چهارم از

علوفهء خود را به شتران مزرعه که مبلغان مذهبی مزرعه بودند واگذار کنند و اکثر حیوانات مزرعه نیز حرف آنها را قبول می کردند و این کار را انجام می دادند وسخت به گفته های آنان اعتقاد داشتند بنابراین جو غالب حیوانات مزرعه یک جو کاملاً مذهبی بود آمیخته به خرافات بسیار البته تعدادی از حیوانات مزرعه نیزمخالف عقایدآنها بودند چون قاطرها که غالباً بارکش مزرعه بودند و کارهای مشقت بار را انجام می دادند، اینها لا مذهب بودند و شدیداً با اعتقادات مذهبی از هر نوع مخالف بودند مرغ ها و خروسها به دو دسته تقسیم می شدند یک دسته از آنها مزرعه گرا بودند و و معتقد بودند که باید در هر صورت به فکر آبادانی مزرعه خود باشند و اعتقادات مذهبی نداشتند و تعدادی دیگر دارای اعتقادات مذهبی بودند ولی در عین حال به فکر پیشرفت و آبادانی مزرعه نیز بودند همچون خود شترها که آنها نیز دو دسته بودند یک دسته که گرایشات سیاسی داشته و معتقد به دخالت مذهب در سیاست بودند و عده ای دیگر که وارسته بودند و دخالت سیاست را در

مذهب باعث تباهی و بدنامی مذهب و متولیان آن می دانستند که غالباً این دو گروه با هم در این زمینه درگیر بودند و اختلافات شدید عقیدتی داشتند.

برگردیم به عقاید سایر حیوانات مزرعه، گاو و الاغها و اسبها و گوسفندها و بزها و گربه ها نیز دارای گرایشات مذهبی نسبتاً شدیدی بودند ولی گربه ها این گرایشات را با عقاید وارداتی در آمیخته بودند ولی شدیداً با مذهبیون همکاری می کردند و اما خوکها نیز از قشر روحانیت بودند ولی از نوع روحانیت بسیار مفسد و فرصت طلب که شدیداً از دین سوءاستفاده های سیاسی و اقتصادی می کردند و در مغز خود افکار خطرناکی برای آیندهء مزرعه داشتد البته افکاری در جهت منافع خود و به زیان دیگر حیوانات.

بازهم چرخ زمان را به عقب برگردانیم در چندین سال گذشته که صاحب مزرعه تازه مزرعه را به صورت موروثی از پدر خود تحویل گرفت در زمین های اطراف مزرعه کندوهای عسل وحشی زیادی وجود داشت ونخستین بار روباه های رهگذر که از مزرعه رد می شدندآنها را کشف کرده بودند ولی

مزرعه دار قادر به برداشتن عسل آن ازکندوها نبود چون زنبورها اورا نیش می

زدند به همین علت روباه ها به سراغ صاحب قبلی مزرعه آمدند و پیشنهاد

کردند که روش بدست آوردن عسل را به صاحب مزرعه بیاموزند و صاحب

مزرعه نیز در قبال آن متعهد می شود امتیاز برداشت عسل را به روباه ها

واگذار کند و روباه ها متعهد می شوند که تأسیسات برداشت عسل را به

مزرعه بیاورند و عسل را خود بردارند وموم   آن را نیز به صاحب مزرعه

بفروشند.

سالها بعد مرغ و خروسها متوجه شدند که این یک قرارداد ظالمانه و

استعماری است و باید امتیاز برداشت عسل به خود حیوانات مزرعه واگذار

شود یکی از خروس ها که دارای تحصیلات بسیار بالایی بود و سیاستمداری

زبر دست بود و مورد اعتماد صاحب مزرعه نیز واقع شده بود و حکم معاون را

در مزرعه بر عهده داشت علم این انقلاب و مخالفت را بلند کرد و دیگر

حیوانات مزرعه را با هر عقاید سیاسی به طرفداری از او پرداختند و بالاخره

توانستند با شرکت در مجامع حیوانات وحشی در خارج از مزرعه این حق را

به حیوانات مزرعه بازگردانند ولی متأسفانه حیوانات وحشی نیز ساکت نشدند

و این بار نیز با نقشه های روباه ها وارد عمل شدند، ابتدا توسط روباه ها در بین

حیوانات مزرعه و از جمله سردسته ی شتران روحانی و سردسته خروس ها و

مرغان تفرقه ایجاد کردند و بعد بادادن گوشت و رشوه به تعدادی از سگهای

ولگرد اطراف مزرعه شورشی به پا کردند و خروس یعنی معاون مزرعه دار را

زندانی و در یک مرغدونی خانه نشین کردند و طرفداران او را نیز یا کشتند و

یا زندانی کردند و امتیاز تولید عسل مزرعه را این بار به شیر و کارگزاران او

دادند و به این ترتیب این حرکت اصلاح طلبانه حیوانات مزرعه را تا مدتها

متوقف کردند البته شکست این حرکت اصلاح طلبانه تا حد زیادی متوجه

جناح شتران روحانی بود چرا که زمان شورش سگهای ولگرد هیچ اقدامی در

جهت تحریک دیگر حیوانات برای حمایت از مرغ و خروسها نکردند و بعدها

نیز این بهانه را آوردند که چون در پیروزی مرحله اول مرغ و خروسها ما سهم

عمده ای داشتیم باید مرغ و خروسها چون به قدرت می رسیدند به ما بیشتر توجه بیشتری می کردند ولی متأسفانه با به قدرت رسیدن نسبت به ما بی توجه شدند و قدر شناس نبودند و ما نیز در مرحلهء بعد انگیزه ای برای حمایت از آنها نداشتیم البته این ظاهر قضیه بود شاید باطن آن قضیه آن بود که روباه ها ارتباط سری گسترده ای با سران شتران ایجاد کرده بودندو آنها را از حمایت مرغ و خروسها در هنگام شورش دلسرد کرده بودند.

بار دیگر چرخ زمان را به عقب تر برگردانیم در آن زمانی که صاحب این مزرعه کسی دیگر بود که او نیز مستبدانه حکومت می کرد عده ای از پرستوهای مهاجر که تازه از دشتهای آزاد و سرزمین های دیگر برگشته بودند و با آزادی های حیوانات آن سرزمین ها آشنایی پیدا کرده بودند خیر این آزادی ها را به حیوانات مزرعه رساندند و حیوانات اهلی مزرعه نیز تا حدی روشن شده و خواهان مشارکت خود در اداره ی مزرعه شدند پس اعتصابات و تحصنات حیوانات شروع می شود از خوردن علوفه خودداری می کنند

صدای بع بع و ماغ ماغ حیوانات در اعتراض به ادارهء خودکامهء مزرعه شروع می شود و بالاخره صاحب مزرعه با نارضایتی تمام مجبور می شود که ادارهء مزرعه را به صورت مشارکتی قبول کند و عده ای از نمایندگان حیوانات را برای ادارهء مزرعه به کار می گیرد بعدها که صاحب جدید مزرعه با نیرنگ و کودتا صاحب قبلی را به کنار می زند با آزادیهای حیوانات نیز با قلدری کامل به مخالفت می پردازد نمایندگان حیوانات غالباً انتصابی و از طرف مزرعه دار انتخاب می شوند و منتخب اکثریت حیوانات نیستند و کم کم مزرعه چون گذشته به حالت دیکتاتوری اداره می شود

چرخ زمان را به جلوتر برگردانیم مزرعه دار دوم فرزند همان مزرعه دار دیکتاتور است که با کمک حیوانات قدرتمند وحشی چون شیر پایه های قدرت خود را مستحکم کرده است او بعد از کودتا مزرعه و تمام امتیازات اقتصادی مزرعه را به شیر و کارگزاران او یعنی روباه ها واگذار می کند البته بین این پسر و پدر نیز اختلافاتی از جهت عقیدتی و عملکرد سیاسی وجود

دارد مزرعه دار پدر دارای خصوصیاتی چون قلدری، خودرایی، خشونت و خودکامگی بود و نیز با ظواهر مذهبی و مذهب شدیداً مبارزه می کرد مراسم عزاداری شتران و فرزندان آنها را ممنوع کرد زین و پارچه های تزئینی را از سرمادیانها برداشت و دیگر اقدامات ضد مذهب، همچنین آزادی خواهان را از مرغ و خروسها یا زندانی نمود یا سر برید و جو خفقان را در مزرعه حاکم کرد.

ولی روش پسر مزرعه دار تا حدی نرم تر بود او ظواهر مذهبی را آزاد گذاشت و خود نیز انسان معتقدی به مذهب بود و مخالفان را تا حدی هر چند محدود آزاد می گذاشت هر چند در بعضی موارد شدیداً با آنها برخورد می نمود و آن زمانی بود که مخالفان می خواستند در اداره ی مزرعه دخالت کنند و تا حدی قدرت مزرعه دار را در جهت منافع مزرعه و حیوانات تعدیل کنند، بنابراین نوعی دیکتاتوری نرم کماکان در مزرعه حاکم بود بیست و اند سال به همین صورت سپری شد مزرعه دار حاکمیت خود را در مزرعه تثبیت می

کند تا اینکه تحولاتی در جمع شتران روحانی شروع می شود سردسته ی سر

شناس تازه ای در بین شتران طرفدار دخالت دین در سیاست به وجود می آید

که دارای افکار و نقشه های به خصوص و مرموزی است او از جملهء شتران

روحانی است که تاریخ تحولات سیاسی و مذهبی را خوب می داند هم به

جهت مطالعات خود و هم به جهت آن که سنّش به گونه ای بود که شاهد

بسیاری از تحولات تاریخی و مذهبی در مزرعه بوده است و درک عمیق و

درستی از امور سیاسی مزرعه دارد ولی متأسفانه این درک درست را نمی

خواهد در جهت مقاصد متعالی و دینی و خدمت به حیوانات به کار برد بلکه

یک نوع مقاصد شیطانی و نفسانی را در ذهن خویش دنبال می کند مقاصدی

بسیار خطرناک و مخرّب هم به حال دین وهم به حال حیوانات و هم شتران

روحانی اصیل.

یعنی او دین و مذهب را درست همچون یک ابزار قدرتمند سیاسی می بیند

که می توان به وسیله ی آن تمام حیوانات مزرعه را که دارای اعتقادات دینی

و مذهبی عمیق ولی فاقد بینش سیاسی عمیق می باشند به صحنه مبارزه و

شورش بکشاند و بعد با تحمیق حیوانات و حتی فریب بعضی حیوانات

روشنفکر، مزرعه دار را از صحنه قدرت محو و خود حاکمیت مزرعه را چون

یک دیکتاتور و بالاتر از یک دیکتاتور ولی به اسم دین و مذهب به دست

گیرد تا حمایت توده های حیوانات معتقد و ناآگاه وفریب خورده را در تمام

مراحل حکومت خود به دست آورد و حیوانات بیچاره شورش در برابر فساد و

عوامل او را نوعی گناه برای خود بدانند و به خود اجازهء هیچ اقدامی برعلیه او

ندهند او مترصد فرصت و بهانهء لازم است تا قیام خود بر علیه مزرعه دار را

شروع کند اینک یکی از فرصت های لازم به دست آمده است مزرعه دار

قانونی را در مزرعه به تصویب می رساند که بر طبق آن مالکیت هر قسمت از

زمینهای مزرعه را به دست حیواناتی بسپارد که روی آن کارمی کنند حیواناتی

که بر روی مزارع کار می کردند یک دسته از گاوهای نر بودند که شخم زدن

مزرعه را بر عهده داشتند و نیز گوسفندهایی که کودپاشی مزرعه را بر عهده

داشتند و قاطرها و الاغهایی که حمل و نقل محصولات را به عهده داشتند مزرعه دار بر طبق این قانون معتقد بود که مالکیت این زمین ها نیز باید به این حیوانات برگردد و تنها به دست یک گاو نر قوی و فئودال نباشد.

با تصویب این قانون سر دستهء شتران روحانی علم مخالفت را بر علیه مزرعه دار و این قانون به پا می کند و ادعا می کند که یک قانون ظالمانه است چرا که مالکیت خصوصی را بر طبق شرع نمی توان از کسی گرفت و به زور به کس دیگری داد.

بهانهء دیگر سردستهء شتران روحانی در مورد قانونی بود که می خواستند در مجمع نمایند گان حیوانات تصویب کنند و آن این بود که سفرای حیوانات وحشی چون شیر که در مزرعه بودند اگر جرمی مرتکب می شدند نباید در مزرعه محاکمه شوند بلکه باید در خارج از مزرعه به شیر تحویل داده شوند و شیر آنها را بر طبق قوانین جنگل محاکمه کند.

این بهانه ای عوام پسندتر و قابل قبول تر برای عموم حیوانات بود این شد که سردستهء شتران شورشی عظیم در حیوانات مزرعه به وجود آمد به طوریکه مزرعه دار و عوامل او یعنی سگان نگهبان مجبور شدند که واکنش خشونت باری نشان دهند و مخالفت و شورش حیوانات را به شدیدترین شکلی سرکوب کنند مزرعه دار تعدادی از حیوانات را با گلوله هدف قرار داد و کشت و تعدادی دیگر نیز تبعید گردیدند از جمله تبعید شدگان سرکردهء شتران روحانی بود که ابتدا به مزارع اطراف تبعید شد و بعد از چند سال با صلاحدید بعضی از خروسهای روشنفکر که طرفدار او شده بودند به دشتهایی آزاد و فراخ اطراف جنگل اقامت گزید و رهبری حیوانات شورشی را در مزرعه به عهده گرفت و برای آنها به کمک پرستوها پیامهای خود را می فرستاد و آنها را به قیام بر علیه مزرعه دار دعوت می نمود اما در میان جنگل و حیوانات وحشی تحولات سیاسی تازه ای در جریان بود ولی این تحولات و تغییر سیاستهای حیوانات وحشی به هیچ وجه چون گذشته در جهت منافع

مزرعه دار نبود از یک سو در جمع شیران ، شیری به قدرت رسیده بود که چندان با سیاستهای داخلی مزرعه دار موافق نبود او معتقد بود که مزرعه دار چندان شخصی طرفدار حقوق حیوانات وآزادی خواه نیست احزاب در مزرعهء او آزاد نیستند حیوانات در زندان سیاسی مزرعه بدجوری شکنجه می شوند او چندین بار مزرعه دار را به جنگل دعوت نمود و به طور خصوصی نارضایتی خود را به گوش مزرعه دار رسانده بود ولی متأسفانه مزرعه دار عمق خطر را درک نکرد و این بار به تذکر ات اربابش چندان توجهی نمی کرد این بود که شیر به طور مخفیانه در مجمع روباه ها طرح براندازی و تغییر رژیم را به صورت آرام و مخفیانه در میان گذاشته بود و مترصد فرصتی مناسب در این زمینه بود، و حرکت انقلابی سردستهء شتران روحانی و حیوانات طرفدار او نیز برای او فرصتی مناسب به وجود آورده بود علاوه بر آن سردستهء شیران از نفوذ لامذهبی از طریق قاطرها در مزرعه شدیداً احساس خطر می کرد و معتقد بودکه روی کار آمدن یک حکومت مذهبی با دخالت عموم حیوانات می

تواند به منزلهء یک کمربند مذهبی باشد که از نفوذ لامذهبی در این مزرعه و مزرعه های اطراف جلوگیری کند.

از سویی دیگر حیوانات وحشی دیگر چون ببر، پلنگ نیز در چند سال اخیر از عملکرد مزرعه دار ناراضی شده بودند چون مزرعه دار در مجامع حیوانات وحشی و صاحبان مزرعه های دیگراعلام کرده بود که باید قیمت عسل صادراتی گران تر شود و این قیمت برای عسل ها کم و ناعادلانه است از این جهت نیز در میان جنگل نیز زمینه برای سرنگونی مزرعه دار ایجاد شده بود و آنها نیز نقشه هایی برای این کار مطرح می کردند از جمله یوزپلنگ به سردستهء شتران روحانی اجازه داد در محدوهء دشت آزاد خویش اقامت کند و به فعالیت سیاسی بپردازدو زمینهء فعالیت سیاسی طرفداران او را نیز فراهم آورد و به آنها کمک های زیادی به امید آنکه در مزرعه تغییرات سیاسی صورت گیرد و یک جو آزاد سیاسی و البته در جهت منافع حیوانات وحشی ایجاد شود.

البته ریشه ی مخالفت سردستهء شتران روحانی ریشهء تاریخی نیز داشت به

طوریکه او خود شاهد بود که چگونه پدر این مزرعه دار شتران روحانی را

سرکوب می کند به عوامل خود دستور می دهد که شتران روحانی را مسخره

کنند و از کرک بلند و لب و لوچه ی آویزان آنها انتقاد کنند عدم بهداشت

آنها را زیر سوال ببرند آنها را مانند سگان نگهبان وادار به نگهبانی مزرعه کنند

با ظواهر مذهبی به مخالفت می پردازد و هزاران حرکت نابجا که کینهء شتری

و دشمنی و انتقام را در دل سرکردهء شتران روحانی شعله ور می ساخت و او

در انتظار فرصت لازم بود برای انتقام بود.

شانزده سال دیگر به همین صورت سپری می شود و سرکردهء شتران روحانی

در تبعید باقی می ماند در این دوره جو خفقان در مزرعه ایجاد می شود مزرعه

دار تشکیلات امنیتی مخوفی با کمک عقرب ها و سگهای مزرعه و سگهای

ولگرد اطراف مزرعه به وجود می آورد و حیوانات مبارز را یا به قتل می

رساند و یا دستگیرو زندانی و تبعید می کند.

ناگهان دوباره فرصت دیگر فراهم می شود و بهانهء لازم برای شورش ایجاد

می شود قضیه از این قرار است که یکی از سگ ها که وابسته به مزرعه دار

است شایعه ای در میان حیوانات مزرعه پخش می کند و در این شایعه به

سرکردهء شتران روحانی که در تبعید به سر می برد توهین می کند(البته از نظر

شتران روحانی) پس بهانهء لازم به حیوانات مزرعه داده می شود و همهء آنها

با فتوای شتران و خوک های روحانی سیاست پیشه به پا می خیزند و شورش و

سروصدا را به راه می اندازند و هر بار که مزرعه دار آنها را با عوامل خود

سرکوب می کند تعداد بیشتری به پا می خیزند به طوریکه با اعتصاب تمام

اقتصاد مزرعه را فلج می کنند و از کار کردن باز می مانند قاطرها بارهای خود

را نمی برند، گاوها شورش می کنند، گوسفندان مزرعه بع بع می کنند و از

دوشیده شدن سرباز می زنند، الاغها جفتک می اندازند و عرعر را شروع می

کنند و تمام حیوانات حتی قاطرها که ضد مذهب هستند به کمک شتران

روحانی می شتابند تعدادی از مارهای سمی و جوندگان نیز چون موش ها که

گرایشات شدید مذهبی و افراطی داشتند و از سر سپردگان شتران روحانی بودند در طی این چند سال به فعالیت های مخفی برای از بین بردن عوامل مزرعه دار پرداختند به طوریکه چند تا از سگان نگهبان را نیش زدند و کشتند و گاه، به جان خود مزرعه دار نیز سوء قصد می کردند و البته مزرعه دار تعدادی از آنها را در سالهای قبل در گوشه ای از مزرعه گیرانداخته و به قتل رساند. و تعدادی از آنها نیز جان به در بردند و در شورش های مزرعه و بعد از آنان سهم عمده ای به عهده گرفتند.

گربه های مذهبی با گرایشات و عقاید وارداتی نیز با سرکردگی یکی از شتران روحانی سهم عمده ای در این تحولات داشتند.

برگردیم به شورش حیوانات مزرعه به هر حال شورش ها و اعتصابات کار را به جایی رساند که مزرعه دار مجبور شد بعضی از معاونان خود را که از سگهای نگهبان بودند عوض کند ولی بازهم شورش حیوانات متوقف نشد و در نهایت مزرعه دار مجبور شد که یکی از مخالفان سنتی و دیرینهء خود را از

177

میان خروس ها که گرایشات مزرعه پرستی داشت و خروس بسیار آزاد

اندیش و طرفدار حاکمیت تمام حیوانات بر سر نوشت خود بود و سابقهء

مبارزاتی طولانی نیز داشت به عنوان معاون خود انتخاب کند در این زمان بود

که شیر یکی از نظامیان رده بالای خود یعنی یوزپلنگ را برای مأموریت سری

و ویژه و اجرای نقشه از پیش تعیین شده در جمع روباها به مزرعه فرستاد این

کار یعنی ورود یوزپلنگ به صورت مخفیانه و بدون خبر مزرعه دار صورت

گرفت و یوزپلنگ به صورت مخفیانه وارد مزرعه شد و ابتدا به صورت

بسیارمحرمانه با سگ های نگهبان رده اول مزرعه تماس گرفت و آنها را از

دخالت در امور و سرکوب حیوانات معترض بازداشت و آنها را مأمور ساخت

دست از حمایت مزرعه دار در برابر حیوانات اهلی بردارند تا حیوانات

شورشی به مقصود خود یعنی محو مزرعه دار از صحنهء قدرت دست یابند و

به سرکردهء اصلی سگهای نگهبان توصیه کرد در موعد مقرر و در اوج

شورش از مزرعه خارج و به جنگل بگریزد و بعد به سراغ مزرعه دار می رود

و از او می خواهد که هر چه زود مزرعه را ترک کند و به خارج از مزرعه

برود خروس یعنی معاون مزرعه دار اقدامات تازه را برای سروسامان دادن به

مزرعه شروع کرد در اولین اقدام تشکیلات عقرب ها و شبکهء مخفی و زیر

زمینی آنها را منحل اعلام کرد ولی برای ایجاد امنیت در مزرعه اندکی

خشونت نشان داد و تعدادی از حیوانات اهلی را به خاک و خون کشاند

دروازهء مزرعه را بست تا از ورود و خروج حیوانات به صورت غیرقانونی

جلوگیری کند ولی در این حال شورش حیوانات بیشتر شد و صدای بع بع،

ماغ ماغ شیههء اسبها و صدای الاغها و خوک ها افزایش یافت خروس مجبور

شد تا دروازهء شهر را برای ورود سرکردهء شتران روحانی باز کند.

در این حال شیر از طریق و واسطهء یکی از خروس های روشنفکر که طرفدار

شدید سرکردهء شتران روحانی بود به او تضمین امنیّتی داد که می تواند با

امنیت کامل از دشت آزاد وارد مزرعه شود و دراین مسیر کسی توانایی سوء

قصد به جان وی را ندارد چون شیر مسائل امنیتی را توسط عوامل خود برای او

فراهم آورده است پس سرکرده‌ء شتران روحانی با امنیت و کبکبه‌ء بسیار وارد

مزرعه می شود و از دروازه‌ء مزرعه مورد استقبال بسیاری از طرفداران خود

قرار می گیرد عده ای از بره های کوچک را در دروازه‌ء ورودی مزرعه نگه

می دارند تا برای ورود رهبر شتران روحانی سرود خوش آمد و مدح بخوانند

و بره های کوچک و معصوم نیز این سرود را با بع بع معصومانه سر می دهند و

به او به به می گویند.

بعد از مدتی رهبر شتران روحانی برای جلب بیشتر توجه حیوانات و تحریک

احساسات آنها اعلام می دارد که می خواهد در قبرستان کشته شدگان

حیوانات که در راه پیروزی کشته شده اند حضور پیدا کند و سخنرانی کند

امکانات امنیتی لازم در این مورد فراهم می شود رهبر وارد قبرستان می شود و

سخنرانی را شروع می کند و تا می تواند از عملکرد مزرعه داران گذشته بد

می گوید و با استدلال عقلی و کلامی ثابت می کند که حاکمیت مزرعه دار

شرعی و قانونی نبوده و بایستی او از صحنه‌ء قدرت محو شود بعد با غرور

کامل و بدون توجه به رأی و نظر حیوانات اعلام می دارد که من حاکمیت مزرعه را به عهده می گیرم من این معاون قلابی و خود فروخته مزرعه دار و حیوانات وحشی را از مزرعه بیرون می کنم رمه ی حیوانات نیز با شعارهای مذهبی و بع بع و ماغ ماغ سخنان او را تأیید می کنند و یا برایش دم تکان می دادند و جفتک می زدند غافل از اینکه چه نقشه های نفسانی و شیطانی در ذهن خود می پرورد و می خواهد دیکتاتوری دیگر شود در این زمان خروس یعنی معاون مزرعه دار برای آرام کردن شورشها اعلام حکومت سگها را می کند و از حیوانات می خواهد که به آغل ها و مرغدونی های خود برگردند تا اوضاع آرام شود و سگهای نگهبان در مزرعه به رفت و آمد می پردازند در این زمان شتران دوست سرکردهء شتران به او پیش او می آیند و به او توصیه می کنند که برای جلوگیری از خونریزی حیوانات را به آرامش دعوت کند ولی او که اصلاً برای خون و جان حیوانات ارزشی قائل نبود و هدف نهایی و شاهد مقصود را قدرت و سلطه بر مزرعه می داند و می خواهد شاهد قدرت را

در آغوش بگیرد نمی تواند بر هوای نفس خود به خاطر صلاح حیوانات پیروز

شود هر چند که خون تعداد زیادی از حیوانات نیز در این راه ریخته شود چون

از نظر او هدف وسیله را توجیه می کند و خون حیوانات در مقابل جاه طلبی

های او ارزشی ندارد این است که به اطرافیان خود موذیانه با دروغ می گوید

که این فرمانی که من می خواهم به حیوانات بد هم از طرف من نیست بلکه

فرمانی الهی و سروش غیبی است پس به حیوانات بگویید تماماً به محوطه ء

مزرعه بریزند و حکومت سگها را در هم شکنند و اطرافیان شتر رهبر نیز که به

او ایمان و اطمینان کامل داشتند همین پیام را به حیوانات رساندندو حیوانات به

میان مزرعه هجوم آوردند و سگان نگهبان نیز بر طبق توصیه و دستور نماینده ء

شیر دخالت نکردند و اگر تعدادی نیز بنابر وفاداری به مزرعه دار مقاومتی

کردند دستگیر یا کشته شدند و در نتیجه شورش حیوانات به نتیجه رسید و

خروس یعنی معاون مزرعه دار نیز از مزرعه گریخت تمام این تحولات در

چند روز انجام شد و قدرت به دست سر کرده شتران و طرفداران او افتاد.

اتفاقات دیگری نیز در انقلاب و شورش حیوانات مزرعه مؤثر بوده است از

جمله اینکه فرزند ارشد سرکرده ی شتران روحانی که در مزرعه ی همسایه به

سر می برد، به طرز مشکوکی می میرد و طرفداران سرگروه شتران روحانی

این واقع را به عوامل مزرعه دار نسبت می دهند در حالیکه چندان منطقی به

نظر نمی رسد چون عوامل مزرعه دار اگر قرار بود چنین کاری انجام دهد،

خود سرکرده ی رهبران روحانی راسر به نیست یا ترور می کردند نه فرزند او

را چون سرکرده ی شتران روحانی نقش بیشتری در شورش حیوانات داشت

به هر حال این اتفاق نیز روند شورش حیوانات را تشدید کرد و پیروزی آن را

به جلو انداخت اتفاق دیگر مربوط می شود به آتش زدن آغل گاوها و

گوساله ها بود قضیه از این قرار بود که سالهای سال گوساله و گاوها و الاغها

در این آغل جمع شدند و به نمایش هایی که دیگر حیوانات انجام می دادند

نگاه می کردند و لذت می بردند بعضی از این نمایش ها حالت سکسی داشتند

چون تعدادی از الاغها و گاوهای ماده و نر در حضور همه در آنجا نمایش

های جفت گیری ا جرا می کردند و حرکات رکیک نشان می دادند و

حیوانات نیز با ولع تماشا می کردند حیوانات مذهبی خصوصاً خوك ها و

شتران روحانی سخت از این قضیه ناخشنود بودند و این کار خلاف مذهب را

باعث فساد جنسی در میان حیوانات جوان می دانستند و شدیداً در این مورد

به مزرعه دار اعتراض می کردند و این آغلها و این نمایشات را مراکز افساد

می دانستند و رفتن به آنها را از نظر شرعی حرام می دانستند ولی مزرعه دار

گوشش به این چیزها بدهکار نبود و توجهی به تذکرات آنها نمی کرد در این

حال عده ای از خزندگان و جوندگان به شدت مذهبی و افراط گرا که با

مزرعه دار برخورد خشونت آمیز و مخفیانه داشتند یکی از این آغلها را در

حین نمایش همراه با انبوه حیوانات تماشاگر در آن به آتش کشاندند و همه ی

آنها را در آتش سوزاندند و این کار را به دو هدف انجام دادند یکی انتقام از

این حیوانات که از نظر آنها فاسد بودند و باید از بین می رفتند و جلوگیری از

رفتن دیگر حیوانات به این آغلها و دیگر آن که تقصیر آن را به گردن مزرعه

دار و عوامل او بگذارند و حیوانات را از مزرعه دار و عوامل او بیشتر ناراضی کنند و روند پیروزی شورش حیوانات را تسریع کنند.

ولی هنوز قدرت سرکرده ی شتران و طرفداران او تثبیت نشده و خطرات زیادی در راه است بنابراین نقشه های شیطانی و نفسانی او شروع می شود ابتدا به حیوانات وعده های دروغ و توخالی می دهد به آنها می گوید علوفه را برای شما مجانی می کنم و شما مجبور نیستید در قبال دریافت علوفه به مزرعه دار و یا کسی شیر بدهید، آب را برای شما مجانی می کنیم شما به دین نیاز دارید شما را به کمال معنوی می رسانیم و حیوانات خوش باور و پاکدل نیز تمام وعده ها را باور می کنند.

نوبت به تشکیل حاکمیت موقت می رسد.

واینک رهبر شتران روحانی با سردستهٔ خوک ها در مورد حاکمیّت موقّت مزرعه به شور می پردازد. رهبر : نظرت در مورد حاکمیّت موقّت چیست ؟ ما که هنوز سواد و تجربهٔ کافی در این مورد نداریم

خوک مشاور : البّته که ما هنوز سواد و تجربهٔ لازم را در این موارد نداریم ، راه چاره آن است که مسؤلیّت این کار را موقتاً به یکی از خروس های فکلی واگذار کنیم و فعلاً از او حمایت کنیم .

ـچه می گویی اگر او بعداً جا خوش کرد و فردا از قدرت به کنار نرفت چه کار کنیم ؟

ـنگران اون هم نباش ، تمام عوامل خبر رسانی مزرعه در اختیار ماست ، به علاوه تودهٔ حیوانات هم که ما را قبول دارند ، فوراً در موعد مقرّر که راه وچاه و فوت و فن کار را او فرا گرفتیم ، ذهن حیوانات رودر مورد اون خراب می کنیم و با شایعات و تهمت های بی مورد و عوام پسند و دروغ ، ابتدا او رو ترور شخصیّت می کنیم و بعد که زمینه آماده شد ا و رو به کنارمی زنیم ، اگر لازم شد ریاست عمومی مزرعه را هم از میان همین خروس های فکلی انتخاب می کنیم و همین نقشه را در مورد او اجرا می کنیم .

- بسیار خوب فکر خوبیست ، حاکمیّت ما واقعاً به حیواناتی مثل تو نیاز داره

و خوک مزّور لبخندی شیطنت آمیز می زند و چشم هایش برقی می زند.

همین نقشهٔ شوم و شیطانی به خوبی اجرا می شود. نمایندگان مرغ و خروسها

را ظاهراً و در اوایل کار تحویل می گیرند و یکی از خروس های روشنفکر و

مذهبی را که گرایش های مزرعه دوستانه نیز داشت مأمور تشکیل حاکمیت

موقت می کنند البته این اولین بار نبود که شتران روحانی این گروه را تحویل

می گیرند بلکه قبل از پیروزی حیوانات نیز در زمانی که سرکردهء شتران

روحانی در تبعید در دشتهای و آزاد بود نیز رهبر شتران روحانی وعده های

دروغین بسیاری به خروس های روشنفکر می داد از جمله به آنها وعدهء

آزادی های حیوانی و آزادی نعره و عقیده و تقسیم عادلانه ی قدرت سیاسی

و حیوان سالاری مزرعه و اهمیت به رأی اکثر حیوانات می داد هر چند بعداً

خلف وعده کرد و به قول های خود عمل نکرد و برای اینکه راه و روش

حاکمیت مزرعه را از این خروسهای فکلی فرا بگیرد و نیز قدرت خود را

تثبیت کند باز هم به فریب آنها و دیگر حیوانات ادامه داد و آنها را مأمور تشکیل حاکمیت موقت نمود.

در این حال برای تثبیت بیشتر قدرت خود سرکرده‌ء شتران روحانی دادگاهی برای رسیدگی به جرائم سرسپردگان مزرعه دار گذشته تشکیل داد و خوکی دیوانه و به رنگ خالخالی را مامور این کار کرد و او نیز بدون داشتن هیچ تجربه‌ء قضایی و علم قضا به صورت بی رحمانه ای حیوانات بی گناه را به جرم همکاری با مزرعه دار گذشته دستگیر و بدون محاکمه اعدام می نمود در حالیکه بسیاری از آنها در جریان شورش حیوانات با آنها همکاری کرده بودند و یا برای جلوگیری از خون ریزی اعلام بی طرفی کرده بودند و یا فرار کرده بودند ولی چون از نظر رهبر شتران روحانی هدف وسیله را توجیه می کند و از ترس آنکه مبادا این سگان نگهبان بعدها کودتا و شورش بر علیه او کنند قصاص قبل از جنایت را شروع می کند که خود این کار جنایتی بزرگ بود و این دومین جنایت بزرگ سرکرده‌ء شتران روحانی بعد از شکستن حکومت

سگها بود به این ترتیب عدهء زیادی از حیوانات بی گناه که سالها برای پاسداری از مزرعه خدمت کرده بودند بی گناه توسط این خوک بی رحم و روانی و نادان و به دستور مستقیم رهبر شتران روحانی به قتل می رسند در حالیکه همهء حیوانات هم از این جنایت عظیم برای سالها بی خبرماندند چون عموم آنها را با شعارهای مذهبی و شور انقلابی تحمیق و مست کردند و کسی به فکر این جنایات نمی افتاد.

بعد از این نقشه ها و جنایات سرکردهء شتران روحانی بازهم برای تثبیت قدرت خود به **خرو**سان روشنفکر میدان بیشتری می دهند و یکی از خروسهای باسواد و روشنفکر و فکلی برای ریاست عموم حیوانات و اجرای قوانین نامزد می شود و اکثر حیوانات به او رای می دهند و به عنوان رئیس تمام حیوانات برای اجرای قوانین مزرعه شروع به کار می کنند در این زمان است که در جای جای مزرعه بعضی شورش ها بر علیه حاکمیت شتران روحانی شروع می شود و چون بازهم از نظر رهبر شترها هدف وسیله را توجیه

می کند به جای گفتگو و تعامل با این حیوانات شورشی و توجیه آنها به

سرکوب و قتل عام بی رحمانهء آنها می پردازند این سومین جنایت بزرگ

سرکردهء شتران روحانی بود. بعد از سرکوب بی رحمانهء مخالفان شتران

روحانی و رهبر آنها متوجه می شوند که تا حدی قدرت آنها تثبیت می شود

بنابراین شیطنت را ادامه می دهند.

ابتدا پوشش را برای حیوانات ماده اجباری می کنند و برروی آنها زین و پرده

می کشند بعداً مزرعه گرایی را نوعی ناسپاسی به خدا می دانند و مخالف دین

معرفی می کنند ومرغ و خروس های مزرعه- گرا را مشرک و کافر می دانند

و در مرحلهء بعدی گربه های مذهبی را که دارای گرایشهای وارداتی هستند و

مدعی شرکت درقدرت و حاکمیت مزرعه هستند از صحنهء قدرت به کنار

می زنند و آنها را حیواناتی معرفی می کنند که دارای افکار انحرافی هستند

بعد چون متوجه می شوند رئیس عموم حیوانات نیز دارای گرایشهای مزرعه

گرایی و آزادی خواهانه است و حاکمیت انحصاری خوک ها و شتران

روحانی را قبول ندارد و به حاکمیت و دخالت مستقیم حیوانات بر سرنوشت

خود معتقد است به فکر سرنگونی او و حذف او از صحنهء قدرت می افتند و

به او تهمتهای ناروا چون مزرعه فروشی، خیانت، ارتباط با کودتا چی ها می

زنندیعنی ابتدا او را در سطح مزرعه و حیواناتی که به وی رای داده اند ترور

شخصیت می کنند و افکار حیوانات را نسبت به وی مسموم می کنند و بعد

سرکردهء خوکها با سرکردهء شتران روحانی بارها دیدار می کند و از او می

خواهد که او را از ریاست عموم حیوانات مزرعه عزل کند دیگر شتران

روحانی نیز از طریق مجمع و نمایندگان حیوانات خروس فکلی را از رئیس

عموم حیوانات رد صلاحیت می کنند و او را مجبور به استعفا می کنند و رهبر

نیز به ناچار او را عزل می کند در بحبوحهء به قدرت رسیدن همین خروس

فکلی بود که گرگها به سرکردگی رهبر خود از کوهستان و دشت های

اطراف به مزرعه حمله می کنند و عدهء زیادی از گوسفندان و بزها و گوساله

ها را از هم می درند و حیوانات شورشی و رهبر شتران روحانی به مقابله به

آنها می پردازند یکی از تهمتهای بزرگی که به خروس یعنی رئیس عموم

حیوانات می زنند این است که او قصد داشته قسمتی از مزرعه و گوسفندان

آن را به گرگها واگذار کند و با گرگ ها به صورت پنهانی معامله کرده است

در حالیکه واقع امر این بود که چون خروس فکلی می دانست که حیوانات

مزرعه تازه به پیروزی رسیده اند و آمادگی مقابلهء منظم و تاکتیکی با

گرگهای خونخوار وتابه دندان مسلح را ندارند بهتر است به گرگ ها اجازه

دهند که وارد مزرعه شوند و بعد عموم حیوانات مزرعه تمام آنها را محاصره

کنند و به صورت فرسایشی با آنها بجنگند و همهء آنها را نابود سازند و به این

صورت کمترین تلفات جانی به حیوانات مزرعه وارد شود ولی شتران افراطی

روحانی و خوک های افراطی روحانی این تاکتیک او را خیانت به مزرعه و

حیوانات معرفی کردند و افکار عمومی را برای عزل او آماده ساختند و بدون

توجه به رای حیواناتی که وی را انتخاب کرده بودند او را عزل کردند در

حالیکه اگر چنین کاری نیز لازم بود باید با رای عمومی حیوانات صورت می

گرفت این چهارمین جنایت سرکردهء شتران روحانی و طرفداران افراطی وی بود که در حق حیوانات مزرعه صورت گرفت البته همین جنایت را نیز در حق آن خروس روشنفکر و عاقل که مامور تشکیل حاکمیت موقت بود انجام دادند و او را با تهمتهای ناروا و شبیه به این از صحنهء قدرت به کنار زدند و خود سکان حاکمیت مزرعه را ناشیانه به دست گرفتند.

رهبر شتران روحانی بسیار مکار و آینده نگر بود و نقاط ضعف و قوت حاکمیت خود را خوب می- فهمید در مرحلهء اول و اوایل پیروزی حیوانات ابتدا با یک حرکت به ظاهر ناشیانه و در حقیقت شیطانی و عاقلانه دست زد به این ترتیب که او می دانست که اگر او و حاکمیت او روابط حسنه با شیر و حکومت برقرار می کرد چون شیر و حکومت او معتقد به حاکمیت عموم حیوانات بر سرنوشت خود از طریق انتخابات عمومی بودند و به آزادی های حیوانی و آزادی نعره معتقد بود بنابراین این روابط حسنه باعث می شود که عوامل او در میان حیوانات مزرعه نفوذ کنند و به زودی موفق می شوند که

یک نوع مدل حکومتی در مزرعه شبیه به حکومت خود در جنگل به وجود

آورند و چون این نوع حاکمیت بر رأی مستقیم حیوانات استوار است پس

عموم حیوانات نیز از آن استقبال خواهند کرد و جایی برای حاکمیت

دیکتاتوری شتران در مزرعه باقی نمی ماند، بنابراین نقشه شیطانی خود را به

این صورت اجرا می کنند تا روابط حاکمیت مزرعه را با حاکمیت شیر تا

سالهای سال قطع کنند تا شیر و عوامل آن فرصتی برای ارتباط با حیوانات

داخلی مزرعه و تشکیل حکومت حیوانات ندهند، از این جهت تعدادی بره ها

وکره الاغها و گوساله های جوان وخام را تحریک می کنند که برخلاف

قوانین حیات وحش به سوراخهای روباه ها که سفرای شیر در مزرعه بودند

حمله کنند و بدون جهت و با بهانه های واهی چون جاسوسی و غیره آنها را

دستگیر و زندانی کنند، شیر و عاملان او شدیداً حاکمیت مزرعه را تهدید می

کنند و از آنها می خواهند آنها را سریعاً آزاد کنند، ولی آنها مدّتی از این کار

سرباز می زنند در این حال شیر به عده ای از یوزپلنگ ها مأموریت می دهد

که بصورت ناگهانی و در شب به مزرعه وارد شوند و سفرای شیر را آزاد کنند

ولی عوامل طبیعی مانع این کار می شوند و در شب عملیات طوفانی در

صحرای اطراف مزرعه شروع می شود و رعد و برق شدیدی شروع می شود،

بطوریکه بسیاری از یوزپلنگ ها در میان خروارها شن ناشی از طوفان فرو می

روند و بعضی خفه و بعضی نیز دچار صاعقه و طوفان می شوند و عملیات با

شکست روبه رو می شود.

در این حال عوامل شتران روحانی این حادثه ی کاملاً طبیعی را یک معجزه و

امداد الهی به حیوانات معرفی می کنند و بر محبوبیت و مشروعیت خویش در

میان حیوانات می افزایند به هر حال با تهدیدات بیشتر شیر حاکمیت مزرعه

مجبور می شود با خواری و ذلّت روباه ها را آزاد و تحویل دهد. ولی در این

اثناء رهبر شتران روحانی به مقصود پلید خود می رسد و برای سالهای سال

روابط مزرعه را با شیر قطع می کند و آنها فرصت می یابند هر چه بیشتر

حکومت خود را تثبیت و حیوانات را در این مدّت طولانی تحمیق بیشتری

کنند. و با نام مذهب حاکمیت و دیکتاتوری خود را در مزرعه ادامه دهند. و به

سرکوب حیوانات معترض بپردازند وکسی مزاحم آنها نشود.

نقشه ی بعدی کنار زدن حیوانات مزرعه گرا از صحنه قدرت بود که شرح آن

گذشت و اما تکلیف گربه های مذهبی این گروه نیز همانطور گفتیم از قشر

روشنفکر و با سواد و مذهبی حیوانات مزرعه بودند ولی بعضی از ایده های

وارداتی را در تشکیل حکومت قبول داشتند و مغایرتی بین آن ایده ها و

مذهب نمی دیدند، بلکه آنها را موافق مذهب هم می دانستند آنان معتقد بودند

که تمام حیوانات و نمایندگان آنها می توانند در حکومت سهم داشته باشند و

حکومت مذهبی مخصوص یک قشر خوک و شتر روحانی نیست ولی چون

تبلیغات شتران و خوک های روحانی از طریق واعظان روحانی خود در میان

حیوانات بیشتر بود و آنها به این وسیله سالها از طریق عبادتگاهها با سخنان

خود مغز حیوانات را شستشو داده بودند بنابراین مسلماً طرفداران شتران و

خوکای روحانی در عامه حیوانات که از سواد کمتری برخوردار بودند و

تحت تأثیر شعارهای مذهبی قرار می گرفتند و نیّت واقعی شتران روحانی را از

شعارهای مذهبی نمی دانستند از طرفداران گربه های مذهبی بیشتر بودند و آن

به کمک توده ی حیواناتی که طرفدارآنها بودند توانستند گربه های مذهبی را

از صفحه ی قدرت محو کنند، و به آنها انگ های ناروا بزنند چون افکارشان

وارداتی است و دیندار خالص نیستند و غیره، هر چند این گروه واقعاً

اعتقادات مذهبی شدیدی داشتند و رهبر اصلی آنها هم در طول مبارزه و

پیروزی یک شتر روحانی بسیاروارسته و دانا بود که مجسمهء دینداری و تقوا

بود ولی قبل از اینکه این حزب بخواهند قد علم کنند رهبرروحانی آنها

دربحبوحه ی شورش و اوایل پیروزی با آنکه بسیار سرحال و سرزنده بود به

صورت مشکوکی فوت کرد که احتمال آنکه دیگر شتران و خوکهای

روحانی در مرگ او دست داشتند بسیار بود چرا که این شتر افکار آزادتر

وبازتری نسبت به بقیه ی شتران روحانی سیاسی داشت مثلا به اجبار کردن

حیوانات مزرعه در رعایت شعائر مذهبی چون پوشش اعتقادی نداشت و در

ثانی معتقد به انحصار طلبی شتران روحانی در امر حکومت نبود و معتقد بود همه ی اقشار حیوانات باید در حکومت نقش داشته باشند. در هر حال این افکار و عقاید او با توجه به اینکه او نفوذ بسیاری در بین تمام حیوانات مزرعه داشت می توانست دردسرهای جدّی برای حاکمیت انحصاری دیگر شتران روحانی ایجاد کند و از بین بردن او امری طبیعی بود بخصوص که رهبری گربه های مذهبی را نیز بر عهده داشت.

در هر حال وقتی که گربه های مذهبی را از صحنه ی قدرت به کنار زدند آنها نیز همزمان با عزل و خروج رئیس عموم حیوانات (که با آنها هم عقیده بود) از مزرعه دست به خشونت زیادی زدند و بعضی از شتران و خوکهای روحانی را درحالت خواب خفه کردند و یا با مسموم کردن آب حیوانات مذهبی، را مسموم کردند و بعضی راکشتند و چون قادر به مقاومت در برابر طرفداران شتران و خوکهای روحانی نبودند از مزرعه خارج شدند و به کوهستان محل اقامت گرگهای مهاجم به مزرعه پناه بردند و در چندین سال در طول جنگ و

درگیری گرگها با حیوانات مزرعه با آنها همکاری بسیاری در زمینه اطلاعاتی و غیره کردند.

و اما رهبر شتران روحانی و همفکران او نقشه های شیطانی بعدی خود را برای تثبیت و بقای قدرت خویش به این صورت پیاده کردند که ابتدا نیروی نظامی سگهای نگهبان مزرعه دار قبلی را با اعدام کردن بسیاری ازآنها منحل کردند، عده ای از سگان فرمانده را نیز زودتر بیکار کردند و این نیروی نظامی را در مزرعه از بین بردند و نیرویی نظامی تازه ای متشکل از بره ها و گوساله و کره الاغهای جوان که شستشوی مغزی داده شده بودند و هنوز دارای رشد و بینش سیاسی صحیحی نبودند به وجود آورد ند و نام این نیرو را نیز محافظان قیام حیوانات نهادند ولی در حقیقت وظیفه ی اصلی این نیرو آن بود که از حاکمیت انحصاری خوک ها و شتران روحانی حفاظت کند و از حاکمیت آنها در برابر دیگر حیوانات و احزاب سیاسی با توسل به هر جنایت و وسیله ای دفاع کند و شورش های حق طلبانه ی دیگر حیوانات را برای دخالت در

سرنوشت سیاسی خود شدیداً و بی رحمانه سرکوب کنند که اتفاقاً به این کارها هم اقدام نمودند و نوعی حاکمیت دقیانوسی به نفع خوکها و شتران روحانی درمزرعه ایجاد کردند.

نقشه ی شیطانی بعدی سرکرده ی شتران روحانی و همفکران او آن بود که قانون کلی اداره ی مزرعه را مطابق منافع خود بنویسند این مسئولیت به عهده ی یکی از بزهای ریش دار مذهبی مزرعه که شتران روحانی تندرو نفوذ زیادی در عقاید او داشتند و او نیز هم عقیده آنها شده بود قرار گرفت یعنی این بز ریش دارطرفدار جدی حاکمیت انحصاری قشر خوکها و شتران روحانی در مزرعه بود.

در هر صورت او شروع به نوشتن قانون کلی اداره مزرعه می کند البته با نظارت مستقیم و دخالت رهبر شتران روحانی در نحوه ی تدوین بندهای آن و او آن را به گونه ی تنظیم نمود که حاکمیت برای ابد در مزرعه باید به

صورت انحصاری در دست شتران و خوکهای روحانی باشد چون اهرم های لازم برای این نوع حاکمیت در بندهای این قانون پیش بینی شده بود.

یکی از اهرم ها و بندها مسئله رهبری مطلق و بدون قید و شرط یک رهبر روحانی از شترها و خوکهای روحانی بر تمام بخش های عمده قدرت مزرعه بود یعنی مثلاً وظیفه خبر رسانی که به عهده پرستوها، شانه بسرها، بلبل ها قناری های اطراف مزرعه بود، ریاست آن باید توسط شتر روحانی انتخاب شود قاضی حیوانات مزرعه باید توسط رهبر انتخاب شود اعضای شورای محافظ مزرعه باید توسط رهبر انتخاب شود شورای تعیین رهبر نیز باید اعضای آن به تأیید شتر روحانی برسد و فرمانده ی نیروهای نگهبان مزرعه باید توسط رهبر انتخاب شوند و در حقیقت هر چند برای گول زدن حیوانات مزرعه هر چند وقتی یک نوع انتخابات فرمایشی نیز صورت می گیرد ولی در اصل مزرعه به صورت دیکتاتوری اداره می شود و یک نفر شتر برای سرنوشت تمام حیوانات تصمیم گیری می کند.

نحوه ی اجرای این نوع دیکتاتوری نیز به این صورت است که و قتی مثلاً

رئیس خبر رسانان عمومی یعنی پرستوها، بلبل ها، شانه به سرها و فناریهای

اطراف مزرعه توسط شتر روحانی انتخاب شد اولاً این پرندگان دیگر اجازه ی

پرواز آزاد و خبر رسانی آزادانه را ندارند و دستگیر و در قفس های مخصوص

داخل مزرعه نگهداری شوند و بعد اجازه ی انعکاس هر خبری و هر واقعیتی

را ندارند بلکه باید حتی آوازی که می خوانند مطابق شعائر مذهبی باشد که

شتر روحانی تعیین می کند و در مواقع لازم و به نفع حاکمیت دروغ پردازی

های بسیار کنند و واقعیتهای درون مزرعه را معکوس جلوه دهند و به اطلاع

حیوانات برسانند البته بعضی از این پرندگان آزاد، از دست عوامل حاکمیت

شتری فرار کرده اند و به جنگلهای اطراف پناه برده اند و از آنجا پیام آزادی

و واقعیت های درون مزرعه را به گوش حیوانات می رسانند بعضی نیز که

سعی می کنند در اطراف مزرعه پرسه بزنند و گه گاه واقعیتی را بیان کنند

دستگیر و و در قفس زندانی می شوند و منقار آنها را با طنابی می بندند و یا

توسط کره خرها و گوساله های ناآگاه و دست نشانده ی شتران روحانی به

صورت مخفیانه ترور می شوند این یک نوع جلوه دیکتاتوری شتران روحانی

در مزرعه.

جلوه ی دیگر این دیکتاتوری در مورد انتخاب قاضی شکایات در مزرعه می

باشد دراین مورد نیز غالباً قاضی از میان خوک های روحانی انتخاب می شود

و وقتی که شترزادگان و خوک زادگان و یا خود شترها و خوک ها

دچارجرائمی چون دزدی از انبار علوفه می شوند و با دوز و کلک یکی از

الاغهای مسئول انبار علوفه را رشوه می دهند و مقدار زیادی از علوفه و غله را

دزدی می کنند حیوانی نباید در مورد جرم آنها هر چند که ثابت شده باشد

اقدامی کند چون آنان شتر زاده و یا خوک زاده می باشند و دزدی و اختلاس

آنها اشکالی ندارد هر چند که اکثر حیوانات از این دزدیها با خبر شوند و

صدای اعتراض و قدقد مرغ و خروس بلند شود اصلاً کسی به حرف آنها

توجهی نشان نمی دهد چون این شترزادگان و خوک زادگان فرزندان

روحانیون می باشند و حرمت دارند و باید حرمت آنها در میان حیوانات

شکسته نشود در این میان عده ای از شانه به سرها که از قشر آگاه و تحصیل

کرده و روشنفکر پرندگان می باشند و گاه در میان حیوانات مزرعه می

چرخند و از واقعیات و فساد موجود خبر کسب می کنند و آن را به گوش

بلبلان و قناریهای اسیر در قفس می رسانند و این بلبلان و قناریها تا می خواهند

حنجره باز کنند و این حقایق را برای حیوانات فاش کنند دستگاه اطلاعاتی

شتری که از تعداد زیادی مار سمی و موش تشکیل شده و بسیار نیز فعالند با

آنان برخورد می کنند و یا آنها را تهدید به بستن نوک آنها می کنند و یا به

صورت زنجیره ای و سازمان یافته آنها را در قفس های مزرعه و یا در خارج

از مزرعه توسط عوامل خود در خواب نیش می زنند و از بین می برند و این

شانه بسرها مجبور می شوند از محیط اطراف مزرعه فرار کنند و به جنگل های

مجاور بروند و واقعیات درون مزرعه را به گوش حیوانات وحشی جنگل بر

سانند و این حیوانات چون شغالها نیز که صدایی بسیار رسا دارند در شب این

افشاگریها را با صدایی بلند سرمی دهند و صدای این افشاگریها از طریق عوعوی این شغالها شب ها به گوش حیوانات مزرعه می رسد و تا حدی حیوانات مزرعه که گوشی شنوا و وجدانی بیدار دارند از واقعیات درون مزرعه آگاه می شوند و یا این شانه به سرهااین واقعیات را به قناریها و بلبلان خارج از مزرعه می گویند و آنها با صدای چهچه بلند و زیبایی این واقعیات را به محیط خفقان مزرعه می رسانند.

و اما یکی از بندهای مهم قانون عمومی لزوم وجود نهادی به نام شورای نظارت مزرعه است که نقش مهار کنندهء فوق العاده ای بر جنبش حیوانات مزرعه دارد به این شکل که که این شورا که اعضای آن توسط سرکرده شتران روحانی تعیین می شود از نظر ظاهری این طور به حیوانات مزرعه معرفی می شود که وظیفه آن نظارت کامل برای مخالف نبودن قوانین تصویب شده شورای نمایندگان حیوانات مزرعه با دین و مذهب است، ولی در حقیقت هدف این شورا هدف شیطانی دیگری است و آن این است که

وقتی مثلاً انتخابات ریاست عموم حیوانات صورت می گیرد در مورد عقاید

سیاسی کاندیدهای ریاست عمومی مزرعه به تفتیش و تفحص بپردازد اگر این

حیوان کاندید شده عقایدش مخالف حاکمیت بدون قید و شرط خوکها و

شتران روحانی است او را رد صلاحیت کنند و به بهانه ی اینکه او صلاحیت

اخلاقی و اعتقادی لازم را ندارد او را از کاندید شدن باز بدارند و حق کاندید

شدن ندارد و اگر دارای انواع فساد اخلاقی و مالی و غیره است ولی اعتقاد به

حاکمیت مطلق خوکان و شتران روحانی دارد او را تأیید صلاحیت کنند و او

حق شرکت در انتخاب ریاست عمومی مزرعه را دارد.

در انتخاب نمایندگان مجمع حیوانات نیز شورای نظارت به همین صورت

عمل می کند و تعدادی   حیوان آزاد اندیش و وارسته و باسواد را به این

بهانه رد صلاحیت می کند و تعداد بی شماری از الاغ ها و گاوها با بهرهٔ

هوشی پایین و دارای فساد اخلاق و سابقهء دزدیهای بی شمارازانبار علوفه که

تنها اعتقاد به حاکمیت بی قید و شرط شتران و خوکهای روحانی به سرنوشت

مزرعه را دارند تأیید صلاحیت می کنند و سرنوشت کل مزرعه و حیوانات

آن را به دست چنین تحفه هایی می سپارند این هم سرنوشت انتخابات مزرعه

که بیشتر می توان نام انتصابات را بر آن گذاشت تا انتخابات ، تعداد حیوانات

شورای نظارت نیز ۱۴ رأس می باشد ۷ رأس آن شتران و خوکهای روحانی

افراطی و نادان و ۷ رأس از آنها بزهای ریشدار فاقد سواد حقوقی با بهرۀ

هوشی بسیار پائین و اکثراً دزد انبار علوفه و غله.

و اما برگردیم به مسئله شروع جنگ و حملۀ گرگهای کوهستان به مزرعه ی

حیوانات، بعد از آنکه خروس ریاست عمومی مزرعه را با تهمتهای واهی و

دروغ به صورت غیرقانونی عزل و از مزرعه فراری دادند شورای نظارت

مزرعه چند بز ریشدار و خوک و شتر روحانی را برای کاندید شدن برای

ریاست مزرعه تأیید صلاحیت کرد و سرانجام یکی از شترهای روحانی را که

در رسانه های جمعی که در دست شتران روحانی است بیشتر نشان می دادند و

برایش تبلیغ می کردند به ریاست جمهوری مزرعه رسید، چون اصولاً به

حیوانات مزرعه اجازه نمی دادند کسی را جز او بشناسند و در مجامع حیوانات مزرعه فقط او را علم می کردند و به حیوانات نشان می دادند فعالیت بقیه ی احزاب حیوانات مزرعه را که از مدت ها پیش ممنوع و اعضای آنها را یا اعدام و با زندانی و یا تبعید کرده بودند و حیوانات چاره ای جز انتخاب این شتر روحانی را نداشتند.

به هر حال جنگ را نیز این گروه بصورت ناشیانه و مزوّرانه و با سوء استفاده از اعتقادات و احساسات پاک حیوانات جوان مزرعه به پیش می بردند و در این راه کوچکترین دلسوزی و ترحمی نسبت به حیوانات مزرعه نشان نمی دادند و برای جان آنها و تلفات زیادآنان پشیزی ارزش قائل نبودند، بطوریکه نوحه خوان هایی چون فاخته ها را مأمور کرده بودند که به عبادتگاه های مزرعه بروند و در پشت جبهه نوحه هایی با تعابیر و ظواهر مذهبی بخوانند و بره ها و گوساله ها و کره الاغهای جوان را احساساتی کنند و برای جنگ با گرگها به طرف آنها گسیل کنند و هیچ شرایط سنی را نیز در این مورد رعایت نمی

کردند و حتی گوساله ها و بره های دو ماهه را به این جنگ نابرابر می فرستادند، بدون آنکه وسایل جنگ در اختیار آنها بگذارند و یا آموزش های لازم را قبل از نبرد به آنها بدهند و نتیجه این می شد که تلفات این حیوانات مزرعه در برابر گرگها بسیار بالا بود.

ولی به هر حال این حیوانات جوان چون دارای اعتقادات قوی و قلبی پاک بودند و شدیداً در برابر دشمن مقاومت می کردند توانستند قسمت سرسبز و خرمی از جنوب غربی مزرعه را از دست گرگ های خونخوار نجات دهند و آزاد کنند و در این هنگام گرگ ها متوجه شدند که توانایی تصرف مزرعه را ندارند و ادامه ی جنگ بی فایده است به همین علّت تقاضای صلح نمودند و بر این کار نیز اصرار می کردند.

در این هنگام مزرعه دار همسایه ی آنها پا پیش گذاشت ومیانجیگری صلح را بین گرگها و حیوانات مزرعه قبول کرد، چون او نیز مزرعه داری مذهبی بود و هم مذهب با حیوانات مزرعه بود و طبق متون مذهبی به آنها توصیه و تاکید

شده بود که اگر جنگ بین دو گروه شروع شد سعی کنید بین آنها صلح

برقرار کنید البته خود گرگها هم دارای اعتقادی مذهبی تقریباً مشابهی با

حیوانات مزرعه بودند و چندان نیز بی اعتقاد نبودند.

تعدادی از خروس های فکلی هم خواستار پایان جنگ باگرگها شدند . ولی

رهبرهرگز به سخنان آنها توجه نمی کرد و دوباره با خوک فاسد و حیله گر و

شرور به شور می نشیند .

-در مورد جنگ با گرگها نظرت چیه آیا زمان اون فرا نرسیده ؟

خوک کمی به فکر فرو رفت و اخم کرد و سر بلند کرد و گفت: هنوز نه ،

زمان اون فرا نرسیده ، ما اهداف زیادی از ادامهٔ جنگ داریم که باید به آنها

برسیم.

-کدام اهداف ؟ ، بیشتر توضیح بده.

-اول اون که تعداد زیادی از مخالفان سیاسی ما هنوز در زندان هستند ، ما که

نمی تونیم آنها را برای همیشه ، در زندان باقی بذاریم ، افکار عمومی حیوانات

، اجازهٔ چنین کاری به ما نمی دن ، از طرفی اگر ، آ ن ها را نیز پس از جنگ

آزاد کنیم ، ممکنه درد سر جدّی برای ما ایجاد کنند ، بهتره جنگ رو به همین

صورت ادامه بدیم ، تا کم کم ، همهٔ این مخالفان را در بحبوحهٔ جنگ و

وقتی که عموم حیوانات ، احساساتی و در گیر جنگ هستند در زندان مزرعه

سر به نیست کنیم و حیوانی هم خبر دار نشه.

هدف دوم اونه که تو خودت خوب می دونی که تعداد حیوانات بی باک و

ایثارگر و فداکار در مزرعه کم نیستند ، واین حیوانات هم بالقوه ، توانایی

ایجاد یک شورش بر علیه ما را دارن و خطری عمده ، محسوب می شن ، به

خصوص که اگر توسط خروس های فکلی و شانه به سرهای دانا ، کمی هم

آگاهی پیدا کنن و از خواب غفلت و خرگوشی بیدار شن ، بنا براین چاره اونه

که با ادامه و طولانی کردن جنگ ، اکثر یا همهٔ آنها را در جنگ از بین ببریم

تا این خطر در فردای پایان جنگ برایمان باقی نمانه ، نظر تو چیه؟

-آفرین و مرحبا بر تو ، واقعاً فکر خوبیه ، و آینده نگری تو عالیه ، پس فعلاً

پایان جنگ به صلاح ما نیست .جنگ را ادامه می دیم پس در میون مزرعه

تبلیغ کنید که جنگ برای ما مایهٔ برکت و نعمت است . به براستی نیز برای

سران مزرعه جنگ مایهٔ برکت و نعمت بود هر چند برای حیوانات مزرعه

نقمت و مصیبت.و در میان حیوانات بیچاره و ناآگاه تبلیغ می کردند که جنگ

برای ما نعمت است و نام آن را نیز دفاع برای خدا گذاشته بودند و در فواید

آن داد سخن دادند و به شاعران دستور دادند در مورد آن شعر بسازند و

حیوانات جوان و خام را هر چه بیشتر تحمیق کنند. این بود که جنگ نه سال

دیگر نیز بیهوده ادامه پیدا کرد و عوامل حاکمیت شتری فوج فوج حیوانات

جوان و ناآگاه را به جنگ می کشاندند و با عملیات های بدون نقشه و

تاکتیک های جنگی اکثر قریب به اتفاق آنها را به کشتن دادند و نتیجه ای که

212

از جنگ نگرفتند هیچ، حتی در اواخر جنگ به علت ضعف و بی لیاقتی در اداره جنگ گرگ ها مجدداً به مزرعه حمله کردند و مقدار زیادی از خاک مزرعه رابه تصرف در آوردند و سرکرده ی آنها مجبور شد با خواری و ذلّت و التماس صلح را بپذیرد ولی سرانجام به مقصود پلید خود رسیدند و مزرعه را از حیوانات پاک و شجاع و ایثارگرو ماجراجو که استعداد بالقوه را برای ایجاد انقلاب و شورش بر علیه این خودکامگان داشتند خالی کردند.

مدّت کمی بعد از پایان جنگ اتفاق سیاسی مهمّی در مزرعه روی داد به این ترتیب که از سالهای پیش رهبر شتران روحانی یکی از شتران وارسته ی روحانی رابرای جانشینی خود معرفی نموده بود تا پس از او رهبر مزرعه باشد ولی یک سال قبل از مرگ، رهبر شتران روحانی بازیه دستور مستقیم خود او را از رهبری عزل کرد قضیّه از این قرار بود که وی طبق نقشهٔ قبلی که گفته شد دستور اعدام تعداد بسیار زیادی از حیوانات مخالف حاکمیت خود در زندان های مزرعه را صادر کرد و جانشین رهبر که موجودی دانا، دلسوز

وارسته و با خدا بود از این قضیه مطلع شد و سخت به ارتکاب این جنایت

نسبت به شتر رهبر اعتراض نمود، همچنین چون چنین شتر روحانی حیوانی

وارسته با دیدی باز بود وبه همه ی حیوانات حق می داد که در تعیین سرنوشت

خود و حاکمیت دخالت کنند با گروههای مخالف از جمله گربه های مذهبی

و دیگر احزاب سیاسی مزرعه گرا در ارتباط بود و به سخنان آنها توجه می

کرد و رهبرشتران روحانی که حیوانی خودکامه بود با دیدی بسیار بسته سخت

از این کار او ناراضی بود و به او تذکر داد روابط خود را با این گروهها قطع

کند ولی او این کار را نمی کرد وقتی شتر جانشین رهبر به شتر رهبر در مورد

آزار و شکنجه و اعدام حیوانات زندانی سیاسی اعتراض نمود، عصبانیت و

کینه شتری رهبر افزایش بیشتری یافت و او را از جانشین رهبری برکنار کرد،

البته این اولین بار نبود که او به حرف مصلحان گوش نمی داد در چند سال

قبل نیز که به وی از طرف گرگها و دیگر حیوانات تقاضای صلح پیشنهاد شد

عده ای از خروس های روشنفکر و مزرعه گرا و مذهبی و خصوصاً سر دسته

آنها به رهبر توصیه و نصیحت کرد که صلح را قبول کند چون از هر جهت به
نفع حیوانات مزرعه است و او با خودکامگی تمام تقاضای آنها را نپذیرفت به
هر حال مدّت کمی پس از پایان جنگ با گرگها سردسته ی شتران روحانی
فوت کرد و به دیار باقی رفت که پاسخگوی اعمال خویش باشد.

بعد از مرگ وی شورای تعیین رهبری دست بکار شد و با نفوذ عده ای از
خوک های روحانی و مزوّر و حیله گر یکی از شتران نسبتاً جوان روحانی را
که اکثر شرایط رهبری را نیز نداشت انتخاب کردند(البته با نقشه قبلی)، چون
خوک های روحانی فقط می توانستند در سایه ی رهبری چنین شخصی به
مقاصد پلید خود یعنی غارت انبار علوفه و غله ی مزرعه دست بزنند و رهبر نیز
قادر به اعتراض نباشد،این شتر دوم یعنی جانشین رهبر قبلی، علاوه بر روحیّهٔ
استبداد و قدرت طلبی ، دارای صفت مذموم دیگری نیز بو د و آن دوست
داشتن محافل مدح و چاپلوسی بود، به این صورت که به بهانهٔ آنکه وی
دوستدار شعر و شاعری است ، محافل شعر در حضور خود تشکیل می داد و

حیوانات شاعرو چاپلوس را به دورخود جمع می کرد و آنان نیز بی شرمانه اشعار مدحی و چاپلوسانهٔ خود راخطاب به وی می خواندند و اینک به یکی از این سیرکها سری می زنیم و به تماشای این بازی می پردازیم:

طاووسی چاپلوس شعر خود را خطا ب به رهبر اینگونه می سراید:

ای رهبر روحانی راهت راه یزدانی

ای همّت تو چون کوه تو لایق کوهانی

گناه مارا ببخش تو آیت رحمانی

راهت راه هدایت حرفت حرف ربانی

بوی پهنت بوی مشک روی و منظرت نورانی

عقل و خردت انسانی جسمت ولی حیوانی

در محضرت میهمانان تو بهترین میزبانی

تو هدیهٔ زمینیان   از خدای آسمانی

در کلام پر مهرت   آیتی از یزدانی

خدایت نگهدارت   از وسواس شیطانی

همو نگهدارت باد   از چشم زخم انسانی

بسیار سخن گفتم   این از تکلّف ندانی

ممدوح من رهبر است   محبوب هر سخن دانی

شتر رهبر بر شعر او با لبخندی مزوّرانه آفرین و مرحبا گف و اینک نوبت به گروه سرود کلاغها رسید که سرود خودرا در مدح رهبر بخوانند :

رهبر ما رهبرما قار قار   تاج سرو افسر ما قار قار

دشمن او دشمن ما قار وقار   شادی او شادی ما قار قار

ای گل وای عنبر ما قار قار   بمان همیشه بر ما قار قار

حامی ما حامی ما قار قار   تا به ابد سایۀ تو بر سر ما قار قار

ساقی ما ساقی ما قار قار   به هر مکان به هر زمان رهبر ما قار

قار

حافظ ما ، حافظ ما قار قار   به هر کران به هر کران رهبر ما قار

قار

وقتی این سرود سراپامدح و چاپلوسی به پایان رسید ، رهبر از شنیدن آن چون گلی شکفت و بر گروه سرود سیه کار و سیه پر کلاغان نیز آفرین گفت.

به هر حال پس از به رهبری رسیدن چنین شتری، آن خوک مزور و حیله گر متوجه شدکه در بعضی موارد شتر رهبر چندان به حرفهای او توجه نمی کند و مخالف توصیه های او عمل می کند، بنابراین علاوه بر آن که خود کاندید ریاست مزرعه شد و اقتصاد و سیاست مزرعه را در قبضه گرفت زمینه تشکیل مجمعی را تحت عنوان مجمع عالی مصالح حاکمیت مزرعه فراهم آورد و

خود نیز ریاست آن را به عهده گرفت که تا حدّ زیادی در رقابت با قدرت

رهبری قدرت موازی دیگری در مزرعه به عهده گیرد و به این صورت هر

قانونی که در مجلس حیوانات مزرعه تصویب می شود قبل از اجراء باید حتماً

به تصویب مجمع عالی مصلحت مزرعه برسد و به این ترتیب اختیار مجلس و

قوانین آن را در رقابت با قدرت رهبر تا حدی بدست گیرد به هر حال این

خوک مزور و حیله گر هشت سال در مقام ریاست مزرعه جا خوش کرد و

اقدامات فراوانی در جهت تثبیت قدرت خود و چاپیدن و دزدی از انبار غله و

علوفه ی مزرعه بکار برد و چون در دوره های بعدی رئیس عموم مزرعه نشد

پست حساس ریاست شورای عالی مصلحت مزرعه رادو دستی چسبید و از آن

سوء استفاده هاکرد و در عین حال هم پست های دیگری نیز چون عضویت

در شورای تعیین رهبر مزرعه را نیز همزمان حفظ نمود و بعد هم لقب سردار

آبادی مزرعه را به خود داد. بعد از وی بر اثر گذشت زمان و فعالیت برخی

روشنفکران مزرعه اذهان عمومی حیوانات تا حدی هر چند بسیار کم رو به

روشنی رفت و خواستار فضای باز سیاسی بیشتر در مزرعه وآزادیهای بیشتر شدند.

در این حال یکی از شتران روحانی که بر اثر ارتباط با خارج از مزرعه و برخی خروس های روشنفکر و نیز مطالعه دید سیاسی بازتری نسبت به بقیه پیدا کرده بود، با درک شرایط مزرعه و تحول فکری حیوانات برای ریاست عمومی مزرعه کاندید شد و با شعارهای روشنفکری چون آزادی، مزرعه ی پیشرفته، عدالت، صلح جهانی، گفتگوی مزرعه های متمدن و غیره عده ی زیادی از حیوانات مزرعه را که از وضع سالهای قبل به ستوه آمده بود و تشنه ی این آرمانها هر چند بصورت شعار بودند به دور او جمع شدند و او را به ریاست عمومی انتخاب کردند.

البته او اقدامات خوبی را نیز شروع کرد و تا حدّی فضای باز فرهنگی و تا حدّی سیاسی در مزرعه بوجود آورد، بطوریکه بعضی از قناریها و بلبلان از قفس آزاد شدند و تا حدی آزادانه به اظهار نظر در مورد مسائل روز مزرعه

پرداختند کم کم او شعاراصلاحات مزرعه را مطرح ساخت تا اندکی از

انحرافات موجود در قوانین مزرعه و قانون عمومی را از بین ببرد در این زمان

جوجه خروسهای جوان زیادی که تحصیلات عالیه داشتند به دور او راه جمع

شدند و خواستار اصلاحات اساسی تر در ارکان حکومت شدند تا اگر ممکن

است حکومت مزرعه را از حالت انحصاری روحانیت خارج شود و در مزرعه

رفراندوم برگزار شودولی در همین حال شتران و خوک های روحانی و

طرفداران آنها خطر را درک کردند و به سرکوب جوجه های اصلاح طلب

پرداختند و خود شتر رئیس جمهور را نیز جسته و گریخته تهدید بسیار کردند

که از چارچوب خواسته های حاکمیت سنتی مزرعه نباید خارج شود. و

خواستار برکناری یکی از مشاوران بسیار روشنفکر و دانای او که مسئول امور

فرهنگی مزرعه بود و اصلاحات فرهنگی خوبی را شروع کرده بود شدند و او

اجباراً آن مشاور آزاده را برکنار نمود بعد از آن که در سیاست داخلی مزرعه

نتوانست توفیقی حاصل کند و عقب نشینی کرد به سیاست خارجی مزرعه

پرداخت و سعی کرد یک نوع روابط سیاسی باز را با حیوانات وحشی جنگل

برقرار کند و ایده ی گفتگوی مزرعه های متمدن را با حیوانات وحشی جنگل

مطرح ساخت که مورد استقبال حیوانات وحشی و مزارع دیگر نیز واقع شد

ولی به هر حال پس از آن که نتوانست در سیاست داخلی مزرعه توفیقی بیابد

و طرفداران او نیز از دستش مأیوس و عصبانی شده بودند، دوره ریاست

عمومی او به پایان رسید. البته در دوره ی او جنایات بسیاری نیز صورت

گرفت البته از دست عوامل دیگر، در این دوره هیئت حاکم شتران روحانی

که وضع خود را بر اثر فضای باز فرهنگی و سیاسی در خطر می دید ومشاهده

می کرد که چگونه بعضی خروسها و پرندگان دیگر روشنفکر تا حدی آزادی

عمل پیدا کرده اند و بر علیه آنها مطلب می نویسند به فکر انتقام از آنان افتاد و

همان خوک روحانی و مزور و حیله گر طرح ترور و قتل مخفیانه ی این

حیوانات روشنفکر آزاده را با مسئول اطلاعات وقت مزرعه که موش موذی و

مفسد بود در میان نهاد و تعداد زیادی از خروسها و مرغها و پرندگان

روشنفکر داخل و خارج مزرعه را با عوامل خود که همان مارهای سمی بودند

به قتل رساندند و هر چند روشنفکران مزرعه از ریاست عموم مزرعه خواستند

که به پرونده ی آنها رسیدگی کند و عاملان قتل آنها را شناسایی و مجازات

کند، او کاری از پیش نبرد.

سرانجام یکی از موش های جاسوس را به عنوان عامل این جرم و جرائم دیگر

معرفی کردند و در زندان و تحت شکنجه از او خواستند که به جرائم خود

اعتراف کند ولی واقعیت آن بود که او این کار رابه اختیارخود انجام نداده بود

بلکه به دستور مستقیم بعضی خوکان و شتران رده بالای روحانی و سرشناس

انجام داده بود و وقتی که می خواست این حقایق رابرای حیوانات مزرعه

بازگو کند و نام عده ی زیادی از خوکان سر کرده و قاتل را برای حیوانات

مزرعه افشا کند، او را در زندان به قتل می رسانند و به دروغ در مزرعه اعلام

می کنند که او خود در زندان خودکشی کرده است و به این صورت پرونده

ی قتل های پی در پی و مرموز حیوانات روشنفکر و بی گناه مزرعه بسته می

شود البته این جنایات را شتران و خوکان روحانی در ادامه خط رهبر اول خود انجام دادند چون او از روشنفکران و نوشته ها و گفته های آنها همواره هراس داشت.

البته این حاکمیت شتران و خوک های روحانی فعالیتهای برون مرزی بسیاری نیز دارد چون از اوایل شورش بر علیه مزرعه دار و پیروزی اعلام داشتند که می خواهیم انقلاب و نهضت خود رابه مزرعه ها و جنگلها و دشتهای اطراف صادر کنیم و حیوانات در بند دیگر را نیز از دست مزرعه داران ظالم و زورگو و حیوانات وحشی متجاوز نجات دهیم ولی در اصل هدف آنها این نبوده است بلکه این ها فقط شعار و عوام فریبی برای فریب افکار عمومی حیوانات وحشی می باشد و هدف اصلی آنها تثبیت و توسعه ی قدرت خود در تمام مزارع و جنگلها و دشتهای دیگر بوده است شاهد مثال این واقعه است که بیان می کنیم.

قریب شصت سال پیش بر اثر جنگ هایی که بین شیرها و ببرها رخ داد یکی

از دشتهای مجاور و نزدیک به مزرعه قصه ی ما به دست شیران تصرف شد و

ببرها از آن مکان اخراج شدند صاحب این دشت خرگوش ها و سمورها بودند

ولی کفتارها از سال ها پیش ادعای مالکیت آن را داشتند و معتقد بودند که

این سرزمین پدران گذشته ی ماست که حیوانات بزرگ و قدرتمند در طول

تاریخ آن را از پدرمان گرفته اند و پدران ما را از آن اخراج کرده اند.

پس از جنگ خونین ببرها و شیرها که شیرها در آن پیروز شدند، کفتارها که

از خادمان و پاچه خواران شیرها بودند از شیرها خواستند که به خاطر همکاری

و کمکی که در جنگ به شیرها کرده اند این سرزمین را به آنها واگذار کنند

و شیرها نیز قبول کردند که کفتارها می تواند بصورت کم کم به تدریج به این

سرزمین مهاجرت کنند و در آن سکنی کنندکفتارها این کار را با سیاست و

نقشه و به تدریج انجام می دادند و هر گروه که به این سرزمین وارد می شدند

مقدار زیادی از املاک و زمین های خرگوش وسمورها را از آنها می خریدند

و خرگوش ها و سمورها از نیت و نقشه ی آنها با خبر نبودند تا اینکه تعداد

زیادی از کفتارهای سرزمین های دیگر به این سرزمین مهاجرت کردند

واملاک زیادی را خریداری کردند و وقتی تعداد آنها به حد زیادی رسید

خرگوش ها و سمورها تازه متوجه نقشه ی آنها شدند و خواستند با آنها مقابله

کنند ولی کفتارها چون قبلاً اقدامات لازم را انجام داده بودند و ارتش سرّی و

مسلح تشکیل داده بودند بسیاری از مخالفان خود از خرگوش ها و سمورها را

بی رحمانه به قتل رساندند وبلافاصله اعلام تشکیل کشور نو ظهور کفتارها را

دادند و بقیه ی زمین ها را نیز به زور از دست خرگوش و سمورها گرفتند و

آنها را آواره ساختند وقتی ساکنان سرزمین های دیگر که اکثراً خرگوش و

سمور بودند متوجه قضیه شدند به کمک آنها شتافتند و با کشور کفتارها به

جنگ پرداختند، شیر قوای تازه نفسی به کمک کفتارها فرستاد و آنها در

چندین جنگ با همسایگان پیروز شدند و قسمتی از دشتهای آنها را نیز تصرف

کردند، بالاخره بعضی همسایگان کفتارها مجبور شدند با واسطه ی شیر با آنها

صلح کنند و آنها را به رسمیت بشناسند ولی برای سالهای متمادی عده- ای از

سمورها و خرگوش های معترض برای باز پس گیری سرزمین خویش با آنها

به جنگ و مبارزه مشغول شدند ولی موفقیت چندانی به دست نیاوردند وقتی

که شتران و خوکان روحانی در این مزرعه به پیروزی رسیدند ، ظاهراً اعلام

کردند که از خرگوش ها و مبارزات آنها حمایت می کنند و آنها را در درون

مزرعه به گرمی پذیرفتند ولی در حقیقت هدف اصلی آنها کمک به این

حیوانات مظلوم نبود هدف آنها این بوده است که برای اینکه شیر برای تغییر

حکومت در مزرعه اقدامی نکند، اهرم فشاری در سراسر سرزمین هایی که

منافع شیر در آنجا قرار دارد در اختیار بگیرند ویکی از این اهرم های فشار

حمایت از گروهها و مبارزان مخالف متحدان شیر در سراسر دشتهاست تا با

تجهیز این مخالفان در صورت عکس العمل شیر برای تغییر حکومت در داخل

مزرعه آنها نیز منافع شیر را درسرزمین های متحد او به خطر بیندازند، نه اینکه

بخواهند واقعاً کمکی به این حیوانات مظلوم بکنند به همین خاطر علوفه ی

زیادی را از مزرعه را صرف تجهیز این مبارزان و آموزش به آنها می-

کردند.

یا به خرگوش ها می آموزند که در مسیر کفتارها چاه های عمیق حفر کنند تا

آنها در آن بیفتند و دست و پایشان شکسته شود و یا به سمورها آموزش می

دهند که تنه ی درختان را که در مسیر حرکت کفتارهاست بجوند و در هنگام

عبور کفتارها تنه ها را بر سر آنها بیندازند و آنها را از بین ببرند به همین

صورت هیچ گاه نمی گذارند که این کفتارها و خرگوش ها بصورت مسالمت

آمیز با هم کنار بیایند و مشکلات خود را حل کنند، هرگاه نیز شیر و حیوانات

قدرتمند دیگر بخواهند صلحی بین خرگوش و سمورها با کفتارها برقرار کنند

حکومت خوک ها و شتران روحانی مانع ایجاد می کند و جلو این صلح و

سازش را می گیرند و نمی گذارند که این منطقه روی آرامش را ببینید،

سیاست خارجی این حکومت در همه ی دشتها و سرزمین ها و جنگلها به

همین صورت است و مقدار زیادی از علوفه ی حیوانات مزرعه را بدون اجازه

و رضایت آنها می گیرند و در گلوی این حیوانات مخالف می ریزند و خود حیوانات مزرعه در جای جای آن در حالت گرسنگی و فقر مطلق به سر می برند.

به هر حال دوره ی ریاست عمومی آن شتر روحانی روشنفکر نیز به پایان می رسد ولی بر اثر تبلیغاتی که طرفداران حاکمیت شتری یعنی الاغها و گاوها و بزها و بره ها در مزرعه بر علیه او کرده بودند جوّ مزرعه اکثراً مسموم و بر ضد او شده بود چون طرفداران حاکمیت شتری تمام معضلات حیوانات مزرعه را ناشی از ریاست او می دانستند که آزادی های بی حد و حصر در مزرعه ترویج کرده بود، حال آنکه تمام معضلات مزرعه ناشی از کارشکنی های آنها در اقدامات آن شتر روشنفکر وروحانی بود. به هر حال حیوانات ناآگاه مزرعه با این زمینه ی فکری که در آنها ایجاد شده بود آماده ی انتخاباتی دیگر بودند در این حال کره الاغی جوان و کم مایه و بدون بینش سیاسی، و تحمیق شده ی، شتران و خوک های روحانی و بی سواد و افراطی شدیداً مذهبی ولی

معتقد به خرافات مذهبی نه مذهب خالص و اصیل برای کاندید شدن آماده

شد و با تبلیغات مزوّرانه و برخوردار از حمایت شتران و خوکان روحانی و

مخصوصاً رهبر شتران روحانی و با شعارعوام فریبانه ی عدالت همه جانبه ی

اقتصادی سیاسی و فرهنگی پا به عرصه ی انتخابات مزرعه گذاشت و به زودی

نیز با تقلب درانتخابات به پیروزی رسید، چون اکثر صندوق ها و حوزه های

رای گیری در دست کره الاغها و گوساله ها و بزها و بره ها بود که او اتفاقاً از

همین قشر بود و آنها برای پیروز شدن   نهایت تقلب را در رأی گیری انجام

دادند و کسی نیز به اعتراضات دیگر کاندیدها شرکت کننده در انتخابات

توجهی نکرد به هر حال او با مغز کوچک و رای الاغ گونه ی خود ضربات

جبران ناپذیری به اقتصاد و فرهنگ و سیاست داخلی و نیز خارجی مزرعه

وارد کرد او حیوانی در ظاهر دلسوز به حال مزرعه بود و دزد نیز نبود ولی

بسیار نادان و بی تدبیر بود دوستی او شبیه بود به دوستی خاله خرسه برای

مزرعه به هر حال در زمینه ی داخلی اقتصاد داخلی مزرعه را با سیاستهای غیر

علمی و ناشیانه ی خود نابود و به انحطاط کشانید به طوری که گندم ذخیره ی

انبار را به کلی به باد داد و بر اثر سیاست های اقتصادی نادرست باعث گرانی

علوفه و گندم و حتی آب آشامیدنی حیوانات به بالاترین درجه شد، بطوریکه

آه از نهاد حیوانات ضعیف از نظر اقتصادی درآمد و نعره آنها نیز به جائی

نرسید.

در زمینه روابط با دیگر حیوانات جنگل نیز با حرف های نسنجیده اکثر

حیوانات قدرتمند وحشی و حتی مزرعه های همسایه را با مزرعه دشمن کرد،

هر روز که از خواب بیدار شد یک حرف مفت خطاب به حیوانات وحشی

حواله کرد، یک روز از خوب بلند شد و گفت که باید کشور کفتارها از

صفحه ی هستی محو شود روز دوم گفت ما باید اداره ی تمام دنیا را به دست

گیریم و جنگلهای دیگر را نیز مانند مزرعه ی خود آباد کنیم و سایر اراجیف

و با این سخنان مزرعه را بدجوری در انزوای حیوانات وحشی قرارداد.

البته یک معضل بد سیاسی نیز در سالهای اخیر دراین مزرعه ایجاد شده است و

آن این بوده که تعدادی خوکهای روحانی با شتران رده اول روحانی در جلسه

ای محرمانه به این نتیجه رسیدند که تا وقتی حیوانات وحشی قدرتمند دیگر

نظیر شیر و کفتار و پلنگ ها دارای سلاح هایی چون دندانهای تیز و درنده و

چنگال های خطرناک هستند ما در موضع ضعف در برابر آنها قرار داریم و از

دست آنها آسیب پذیر هستیم پس باید به هر صورت به این سلاح آنها هر چند

مصنوعی باشد دست پیدا کنیم. یعنی چنگال و دندان درنده و تیز مصنوعی

تولید کنیم تا در جنگ با آنها چیزی کم نیاوریم.

به این ترتیب از چند سال گذشته این کار را بطور مخفیانه شروع کردند ولی

شیرها و کفتار از طریق جاسوسان خود از نقشه ی آنها باخبر شدند و شروع به

تهدید کردن آنها برای توقف فعالیت های خود کردند و حتی برای ترساندن

بیشتر آنها به بهانه ی ایجاد آزادی های حیوانات و ایجاد حکومتهایی متشکل

از نمایندگان واقعی حیوانات به مزارع مجاور مزرعه ی قصه ی ما حمله کردند

و عسل های آنها را غارت کردند در این زمان حاکمیت شتری تا حدی جا

خورد و تا حدی عقب نشینی کرد و به مذاکره با شیرها پرداخت ولی پس از

چندی دوباره فعالیت های خود را برای تولید چنگال و دندان تیز مصنوعی

شروع کرد و دوباره شیرها و کفتارها و پلنگ ها دست بکار شدند و حاکمیت

مزرعه را در مجامع حیوانات و طی قطع نامه هایی شدیداً محکوم و بعضی از

مجازات ها و تحریم های اقتصادی را بر مزرعه دار اجرا کردند و به این

صورت وضع اقتصاد مزرعه که چندان وضع خوبی هم نداشت بسیار بدتر شد

البته علت اصلی مخالفت شیرها و کفتارها با فعالیت ساختن چنگال و دندان تیز

مصنوعی آن بود که می ترسیدند که حیوانات مزرعه این چنگالها و دندانهای

تیز را در اختیار خرگوش ها قرار دهند وخرگوش ها با این چنگال و دندانها

خطرات جدی برای حاکمیت کفتارها به وجود آورند.

حکومت شتری این بار متوسل به حیوانهای قدرتمند وحشی چون خرس

قطبی در شمال و خرس پاندا شمال شرق شدند، خرس قطبی و خرس پاندا نیز

درقبال حمایت از سیاست های حکومت شتری در مجامع حیوانات وحشی امتیازات اقتصادی فراوانی از حاکمیت شتری خواستند خرس قطبی خواستار واگذاری قسمت اعظم رودخانه ی شمالی به او برای صید ماهی های آن شد و خرس پاندا نیز چشم طمع به کندوهای عسل واقع در مزرعه داشت و گفت باید تمام عسل کندوهای مزرعه را به وی واگذار کنند تا آن دو حیوان وحشی به تعهدات خود عمل کنند و به این صورت این دو حیوان امتیازات اقتصادی فراوان به این بهانه از حاکمیت شتری گرفتند و تا توانستند مزرعه را چاپیدند و نوعی استعمار نو را در مورد مزرعه به اجرا درآوردند و جالب است که در مجامع حیوانات اصلا به تعهدات خود عمل نمی کردند و بی موقع و در شرایط بد حاکمیت شتری را تنها می گذاشتند وبه او خیانت می کردند.

البته میزان فساد اخلاقی این رژیم شتری نیز بسیار زیاد شده بود و عرصه را بر حیوانات مزرعه بسیار تنگ کرده بود و کارگزاران این حاکمیت به انواع تجاوزات و تعدیات نسبت به حیوانات ماده دست می زنند یکی از نمونه های

آن برای مثال ذکر می شود قضیه از این قرار است که مادیان یکی از اسبها

برای تحویل علوفه به تنهایی به انبار علوفه مراجعه می کند، مسئول تحویل

علوفه که الاغی شهوت ران بود او را به حیله ای به درون انبار علوفه می برد و

به وی تجاوز می کند، همین که مادیان به خانه مراجعه می کند و قضیه را با

جفت خود در میان می گذارد جفت او با عصبانیت تمام به انبار علوفه می رود

و الاغ متجاوز را کتک می زند و به گاوهای نر مسئول انتظامات تحویل می

دهد و آنها نیز او را به بزهای ریشدار که بر تخت قضاوت تکیه زده اند تحویل

می دهند تا او را مجازات کنند ولی چون این الاغ با یکی از الاغهای بلند پایه

ی مزرعه که سمت سیاسی مهمی داشت نسبت فامیلی داشت، آن الاغ مسئول

دخالت کرد و بز ریشه دار را از اعلان مجازات و محکوم کردن الاغ متجاوز

بازداشت و او را آزاد نمود و دوباره همان مسئولیت را به وی داد، اسب بیچاره

هرقدر شیهه و فریاد کشید و اعتراض نمود فریاد او به جایی نرسید.

نمونه دیگر اینکه یکی از خوکهای مفسد باند قاچاقی تشکیل می دهد و با

همکاری الاغ مسئول دروازه ی مزرعه مادیان های جوان را به لطایف الحیلی

از سطح مزرعه جمع می کند و به مزرعه ی مجاور که در آن طرف رودخانه

واقع است قاچاق می کند تا در آنجا با وعده های دروغ و علوفه ی بیشتر به

آنان تجاوز کنند و فریادرسی نداشته باشند و نیروهای اطلاعاتی مزرعه که

همان مارهای سمی و موشهای جونده باشند با وجود اطلاع از این قضیه

سکوت می کنند چون به آنان نیز رشوه های بسیار داده اند

در برابر این فساد روزافزون این حاکمیت فاسد در مزرعه گه گاه معترضانی

نیز صدای حقّی بلند میکنن د ولی بلافاصله آنها را سرکوب می کنند یکی از

معترضان جغدی حق گو است که در شب ظلم مزرعه صدایش برای حقگویی

بلند شد این جغد ابتدا از کارگزاران و مسئولان حکومت شتری بود که در

کار خود و صداقت داشت و فکر می کرد که این خوکها و شتران نیز در کار

خود صداقت دارند ولی وقتی خود از نزدیک با عمق فساد و ظلم خوک ها و

236

شتران روحانی آشنا شد ابتدا از همکاری با آنان توبه نمود و به ویرانه های اطراف مزرعه برای توبه و تفکر رفت حیوانات مزرعه خیال می کردند که این پرنده ی حق گو برای جستجوی گنج به درون خرابه رفته است و از این جهت او را پرنده ی دوستدار گنج می گفتند ولی خود او معتقد بود که برای تفکر و پیدا کردن گنج معرفت به ویرانه پناه برده و به این گنج نیز دست یافته که همان گنج حقیقت است حقیقتی تلخ حقیقتی که در سایه ی آن به شناخت اهل باطل از اهل حق دست یافته و به همین دلیل نیز فریاد حق حق را بلند نموده است ولی بعد از یکی از سخنرانی های حق گویانه و افشاگرانه علیه حاکمیت شتری اورا دستگیر و به زندان می اندازندو تحت شدیدترین شکنجه ها قرار می گیرد و سرانجام بعد از چند سال آزاد می شود و به خارج از مزرعه مهاجرت می کند تا شاید بتواند فریاد حق طلبی خود رااز خارج از مزرعه در جنگل به گوش حیوانات مزرعه برساند.

ولی در داخل مزرعه حیوانات آزادی خواه از پا ننشستند و خروسهای

روشنفکر و نیز شانه به سرها و نیز پرستوهایی که به خارج مزرعه بر اثرخفقان

سیاسی فرار کرده بودند ونیز بلبلان و قناری های آواز خوان خارج از مزرعه

به فعالیّت ومبارزه پرداختند و افکار عمومی حیوانات را به فریب ها و خیانت

های خوک ها و شترهای روحانی آگاه کردند و شورش ها و اعتراضات کم

کم به دیگر حیوانات سرایت پیدا کرد و دوباره اعتصاب و نعره های حیوانات

شروع شد و انقلابی عظیم در مزرعه به پا شد و حیوانات از بند رسته از جهل و

جور به عوامل خوکها و شتران روحانی حمله کردند و آنها را از پا درآوردند

و یا بسیاری از آنها را دست و پا بسته زندانی کردند تا محاکمه کنند و به سراغ

شتران و خوکهای روحانی نیز رفتند و آنها را دستگیر و محاکمه و به جزای

عمل خویش سازندند در این زمان سیمرغ یعنی همان پرنده ی اسطوره ای

وعده داده شده در متون مذهبی نیز ظهور می کند و رهبری آنها را به عهده

می گیرد و دامنه ی این انقلاب را به مزرعه های دیگر و حیات وحش

کشانده می شود و مزرعه ها و حیوانات دیگر رانیز که در دامها و زنجیرهای

دیکتانوری گرفتار هستند آزاد می سازند و در این زمان است که قناریها و

بلبل های آوازه خوان به مزرعه و وطن خود برمی گردند و ترانه و سرود

پیروزی سر می دهند.

ای پایمال جور ، مژده به جان تو

کاین ظلم و جور را دیدی که عاقبت

هم بس بقا نبود

شب بود و هول دیو، در دیده جوی خون

جاری ولی فسوس نوری به دیده ها نبود

پس شب دیجور رفت صبح صادق بردمید

ای عاشقان ، شب نشینی کاری بیهوده از ما نبود.

پایان

www.ingramcontent.com/pod-product-compliance
Lightning Source LLC
Chambersburg PA
CBHW080934040426
42443CB00015B/3408